金運の正体

50000人を占って
わかったお金と才能の話

Ryohei Sai

崔 燎平

内外出版社

はじめに

こんにちは。崔燎平と申します。

地元・北九州で会社を営みながら、開運アドバイザーとして多くの人の相談に応え始めて早14年が経ちました。

僕のもとを訪れる人が抱えている事情は千差万別ですが、悩みそのものにはいくつか決まった傾向があります。恋愛、結婚、家庭、離婚、仕事、そしてお金に関する相談も、非常に多く寄せられます。

金運を上げて、より多くのお金に恵まれたい。

きっと誰もがそう願っていることでしょう。

でも最初に、僕から「ある事実」をお伝えしなくてはいけません。

「金運を上げたい」といっている人には、じつは、金運の相がはっきりと出ている人が少なくありません。

では、手相が表すとおりに金運が上がっていれば、お金に恵まれるようになるのか？

じつは、そうとはいえないのです。

はっきりいいましょう。

金運を上げても、お金は入ってくるようになりません。

それは一体、なぜなのでしょうか。その理由も含めて、本書では、「金運の本当の姿」をお伝えしていきたいと思います。

運気を上げる風水を取り入れる、お金に好かれる日常習慣を実践する。これらも、より多くのお金に恵まれるようになる1つの方法です。本書では、こうしたちょっとした日常の心がけについても、お伝えしていきます。

ただ、それ以上に、もっともっと本質的に大切なことがあります。

それは、自分の「才能」を見つけ、生かすことです。これもまた、金運の本当の姿の一面なのです。

そう聞いて、「ずいぶん遠回りをしなくてはいけないんだな……」と思ったかもしれません。

たしかに、本書でお話ししていく内容は、薬でいうと抗生物質でも解熱鎮痛剤でもなく、漢方薬です。多くの人が手っ取り早く効果を得られる方法を求めますが、本当に人生を変えていくには日々の蓄積がもっとも重要です。

漢方薬で徐々に体質改善していくように、日々の蓄積によって才能を見つけ、発揮できる自分へと変化することで、「金運体質」に変えていこうというわけです。

そんな悠長なことをいわれても……なんてガッカリした人は、こう考えてみるとどうでしょう。

才能は、絶えずお金を呼び込んでくれる「打ち出の小槌」。
才能を生かすというのは、「毎年、宝くじに当たる」ようなもの。

のちほど詳しくお伝えしますが、人は、自分の年齢の数だけの才能をもっています。

もしあなたが、まだ自分の才能に気づいていないとしたら、自分のなかにピカピカの宝箱が眠っていると考えてください。これから、その宝箱を開け、一つひとつ才能を見つけていく楽しみが待っているのです。

「自分には特別な才能なんてない」と思った人、この世に才能がない人間はいません。

先ほども、人には年齢の数だけ才能があるといいました。

才能とは「才」の「能」、つまり人として生まれ、年齢という才を重ねている限り、誰もが何かしらの才能を積み重ねています。

あるいは「もうトシだし……」と諦めてしまっている人もいるかもしれません。

そんな人には、ぜひ僕の母の言葉を贈りたいと思います。

母は40代半ばから、「私は50歳の誕生日を迎えるときに、『私には何もない』『この50年、何をしてきたんだろう』とは思いたくない。だから今、がんばりたい」と、ある国家資格の勉強を始めました。勉強を始めて最初の年は不合格、その翌年も不合格でしたが、それでも勉強を続け、ついに3年後に合格しました。

合格したときに母がいったのが、次の言葉です。

「人は3年あれば何でもできる」

その後も、母は次々とさまざまな資格を取得し、資格を生かして自分で事業を興しました。

我が母ながら、まったく年齢を感じさせないバイタリティで成功しています。そういう姿に触発されたのか、僕の姉は現在、公認会計士を目指して大学に通っています。やはり40代からの挑戦です。

母と姉が特別なのではありません。

僕のお客さんのなかにも、40代、50代、60代で才能を開花させ、大きな成功をおさめている人がたくさんいます。何歳だろうと物事を始めるのに遅いということはないのです。

「このままでいいのだろうか」――

毎日を懸命に生きるなかで、ふと、こんな思いに襲われたことはありませんか。

仕事に大きな不満はないし、プライベートも悪くはない、家族がいて、そこそこ幸せに暮らしている。でも、本当にこのままでいいのだろうか――僕のお客さんにも、こうした漠然とした疑問を口にする方は少なくありません。

僕はこう答えます。「このままではよくありませんね」と。

その人の未来が見えるからではありません。

「このままでいいのだろうか」という内なる声が聞こえてくるのなら、「このままではよくないんだ」と自分自身が一番わかっているはずなのです。そして、この声こそが、才能を開花させるきっかけになります。

「でも、現状に不満はないんです……」という人には、「なるほど、順調なんですね。では10年後も今と同じでもいいですか？　今と同じ仕事、今と同じ給料、それで満足できますか」と聞きます。

すると、決まって「うーん、それは嫌かもしれません」という答えが返ってきます。

「じゃあ、何かを始めてみるべきときですよね」というわけです。

こんなふうに、その人が自らの内側から発せられている訴えを自覚し、新たな一歩を踏み出す手伝いをすること。99パーセントの運を開く1パーセントのきっかけを作ることが僕の仕事です。

あなたはいかがでしょうか。

何が幸せであるかは、自分が決めることです。何を得たから幸せ、何を得られなかったから不幸せ、ということはありません。

ただ1つだけ、人を不幸にするものがあります。「過去においてきた後悔」です。

「こんなことなら、10年前に、何か始めておけばよかった」

「この10年で、もっとできることがあったかもしれないのに」

10年後の自分の過去である現在に、そんな後悔を残さないために、今、動き出してほしいと思います。

もし「このままでいいのだろうか」と思ったことがあるのなら、そして「10年後も今と同じなのは嫌かも」と思うのなら、今が、「より充実した10年後」「よりお金に恵まれている10年後」に向けて動くときです。

本書が、その第一歩を踏み出すきっかけとなれば幸いです。


最初にお伝えしたかったことは、これでおしまいです。

あとは本書に書かれていることを参考に、金運の本当の姿を知り、どんどん才能を開花させていっていただきたいと思います。

お客さんと話しているとき、よく僕の耳には、ある音が聞こえます。

何の音かというと、「このままではダメだ」「何かを始めよう」という自覚とともに、その人の才能という宝箱の鍵穴が〝カチリ〟と回る音——その音を聞くたび、僕は、この仕事をしていてよかったなと思うのです。

そんな〝カチリ〟という音が、これから、1人でも多くの方のなかで響き渡りますように。

崔　燎平

【本書の使い方】

本書をより効果的に役立てていただくために、ここで簡単に本書の成り立ちを説明しておきたいと思います。

◆プロローグ——金運の仕組み

才能のある人は人々を惹きつけ、その人々がお金を運んできてくれます。

つまり才能は、お金と密接につながっているものです。

「はじめに」でも触れたように、金運を上げても、お金は入ってくるようになりません。その真意は、「人とお金を引き寄せられるような才能がなくては、金運をいくら上げてもお金持ちにならない」ということなのです。

これは、金運というものについて、ほとんどの人が誤解しているところではないかと思います。そこでプロローグでは、そんな金運の仕組みと、お金に恵まれるために、いかに才能が重要かについてお話しします。

◆1章――才能を見つける

そして、才能を使ってお金を得ていくことには、じつは3つほど段階があります。

最初は「才能を見つける」段階です。

自分の才能が何かわからない。そもそも自分に何かしらの才能なんてあるんだろうか。僕のお客さんにも、そんなことを口にする人がたくさんいます。

でも先ほどもいったように、才能がない人なんていません。

もし、みなさんが「才能」と聞いてピンとこないのなら、それは才能がないからではなく、まだ見つけていないからです。本書の1章は、そういう人が才能を見つけるにはどうしたらいいのか、という話をしていきます。

◆2章――才能を進化させる

才能を見つけたら、その次の**2つめの段階は、「才能を進化させる」段階**です。

自分の才能を見つけ、才能を使ってお金を得られるようになっても、今ひとつ突き抜けられない場合は少なくありません。

なぜなら、才能は、一度見つけたらそれだけでおしまい、というような狭いものではないからです。つまり、今ひとつ突き抜けられないと感じたら、そこで頭打ちなのではなく「まだまだ伸びしろがある」ということなのです。

見つけた才能を1つの軸に、2つ、3つと可能性を足していくほどに、より突き抜けた存在として、より多くのお金に恵まれるようになります。

これが、才能を進化させるということです。2章では、そんな才能の進化のさせ方をお話しします。

◆3章――喜楽に生きる

そして最後、**3つめの段階が「喜楽に生きる」という段階**です。

才能を見つける段階でも、進化させる段階でも、中心となるのは、自分自身の喜びや楽しみ、つまり**「喜楽」**です。

まず自分の才能を見つけた。そこから才能を進化させて、多くのお金を得られるようになった。こうして、ずっと喜楽とともに才能を使ってお金儲けをしてきたにもかかわらず、ふと気づいてみれば、それを見失っている。

じつは、多くの人がぶつかる壁です。

だからこそ最終段階では、喜楽の重要性を改めて知り、新たな喜楽を見つけるというプロセスが必要なのです。そうして初めて、「もし生まれ変わったら、もう1回、まったく同じ人生を生きたい」と思えるような、本当に幸せな人生となります。

今現在の段階は、人それぞれでしょう。

でも、どの章も「我がこと」として読んでいただければと思います。

たとえば現在、第1段階にある人は、才能を見つけてからの未来の話として2章、3章を読む、あるいは、すでに第3段階にまで達している人であっても、初心に返り、喜楽を思い出すつもりで1、2章を読んでください。

◆番外編――お金に好かれる日常習慣

3章までを通して、ひととおり「金運の正体」、そして「才能」について知っていただいたら、最後に、お金に好かれる日常習慣をご紹介していきます。

ただし、ここに書かれていることは、どれも効果のある方法ですが、金運の正体を知らず、才能に関する努力もしないなかでは発揮されません。

あくまでも、「才能を見つける」「才能を進化させる」「喜楽に生きる」ということを理解し、実践するなかでの「+アルファ」として取り入れていただければと思います。

目次

2章

進化させる——才能、ご縁、お金の良循環を作る

番外編

カバーデザイン　奥定泰之
本文デザイン・DTP　ナナグラフィックス
編集協力　福島結実子

プロローグ

誰も知らない「才能」と「金運」の話

「金運の相がある人ほど、お金に恵まれない」という不思議

金運と聞いて、まず手相が気になった方は多いのではないでしょうか。

手相をテーマにした本や雑誌記事、テレビ番組などで「金運線」が紹介されていて、思わず自分の手の平を眺めてみたこともあるかもしれません。

たしかに手相には、金運の相があります。金運線という1つの線に限らず、手相全体に、その人がどれくらい金運をもっているのかという「金運のゲージ」が表れている、といったらいいでしょうか。

僕が実際に見てきたなかでも、金運の相がハッキリと出ている人、うっすらと出ている人、さらには目をこらしても見えないくらい、ほとんど出ていない人、さまざまです。

問題は、ここからです。

手相とは、基本的に「その運が向いているとき」に出るものです。たとえば結婚運が向いているときには結婚の相が出る、という具合です。

ところが、金運の相だけは違います。みなさんにお伝えするとほぼ100パーセント驚かれるのですが、僕から見て「金運のゲージが満タンだな」と感じる手相になっている人ほどお金に困っているという共通点があるのです。

金運線だけに着目すれば、お金持ちにも、クッキリと金運線が入っている人はいます。ただ手相全体を見て、さらに人相も合わせて見ると、やはり「金運はたっぷりあるのに、お金に困っているんだろうな」と見て取れる人がたくさんいるのです。

◉「金運を上げること」より重要なこと

不思議ですよね。「金運の相が出ているというのは、『お金に恵まれている』ということなんじゃないの？」と思ったでしょう。

それなのに、金運の相がハッキリと出ている人ほどお金に困っているとは、いったいどういうことなのか。ここに、金運というものの1つの本質が現れています。

「私は会社員で月給は手取りで25万円くらいです。金運を上げたいのですが、どうしたらいいでしょう？」

「私は主婦です。パート勤務で月の収入が10万円くらいです。金運を上げたいのですが、どうしたらいいでしょう？」

こういう人ほど、じつは金運の相がハッキリと出ているものです。

金運線が入っているのだから、たしかに金運は「上がっている」ということ。しかし、こういう人ほど、お金には恵まれない。なぜだかわかりますか？

それは、上がっている金運を「もったまま」にしてしまっているからです。

つまり**お金に恵まれたいのなら、金運は「上げること」よりも「使うこと」のほうが大切**なのです。

一方、お金持ちの手相はどうなっているかというと、たいていは金運の相がかなり薄いか、ほとんど見えません。もうわかりますよね。彼らは金運という運を「もったまま」にせず、「使っている」からです。

◉金運は、使わないと腐っていく

暖かい季節に窓辺にリンゴを置いたら、おそらく1週間もすると真っ茶色に変色して腐っていくでしょう。じつは、これと同じくらいのスピードで、**金運は、放っておくとどんどん腐っていきます。**

風水や家相学には、金運をアップさせる方法がたくさんあります。

でも、金運を使わないまま金運を上げてしまうと、もっている金運がどんどん腐っていくうえに新たな金運を重ね、その金運もみるみる腐っていき……というふうに、腐った金運を蓄積することになってしまうのです。

そうならないためには、腐らないうちに使うことが一番です。果物を腐らないうちに食べきる、それと同じ話ですね。

では、すでに腐ってしまった金運はどうしたらいいかというと、主に4つ、処理法があります。

まず1つめは、**運動をすること。**

運動とは、文字どおり「運」を「動かす」もの。運動をすると悪い運のめぐりが解消され、それにともなって腐った金運も処理することができます。汗をかくことも「気抜き」と呼ばれ、悪運のめぐりを断ち切るために重要とされています。

運動といっても、筋肉をつけたり、やせたりするためではないので、きつい運動をする必要はありません。こういう運動をしなくてはいけない、というルールもありません。

「運を動かす」ための運動で重要なのは、「朝の7時から9時の間に行う」こと、これだけです。この時間帯に30分程度、軽いジョギングやウォーキングをするだけで十分でしょう。

なぜ朝の7~9時の間に運動するのが大事かというと、もちろん意味があります。

かつて中国や日本で用いられていた「十二時辰《じゅうにじしん》」（1日24時間を2時間ごとに区切り、十二支を当てはめたもの）では、7~9時は「辰の刻」に当たり、「龍がめぐる時間帯」とされてきました。

この辰の刻は、朝日を浴びた植物がいっせいに呼吸を始め、1日でもっとも新鮮な気が充満する時間帯です。そこで屋外に出て運動をすれば、そんな朝の新鮮な気をたっぷりと取り込むことができます。朝の気のパワーで邪気が取り払われ、腐った金運も解消されるのです。

2つめは、**海辺に出かけること**です。塩には、あらゆるものを浄化する作用があります。お風呂にバスソルトを入れるというのもアリですが、もっとも強い浄化効果を発揮するのは、やはり海です。海辺を歩く、海水に浸かる、これで腐った金運もきれいに浄化されます。夕日を浴びながらだと、いっそう効果的です。西日には金運を上げる効果があるため、腐った金運を浄化すると同時に、金運を上げることもできるのです。

僕の先生もつねづね、「金運を上げたかったら、何も特別なことはしなくていいから、ただ海辺を歩きなさい、夕方にね」といっていました。

3つめは、**人のためにお金を使うこと**です。

腐った金運は厄のもとであり、お金を使うと、腐った金運と一緒に厄も払われます。「金払い」は「厄払い」というわけです。

また、人の運勢には周期があります。「最近、なんだか金回りがよくないな」というときは、運勢の周期が停滞期に入っている可能性があります。そういうときこそ、お金を囲い込むのではなく、人のために積極的にお金を使ってください。

僕が参加している釣りの同好会では、たびたび「奢り合戦」が起こります。参加されているのは、会社経営者など成功されている方ばかりで、僕とのおつきあいがあることで、自分の運勢がどの時期に入っているのかを知っています。

そのため食事に行ったときなどに、停滞期に入っている人同士で「ここは私が払います」「いいや、私のほうがヤバめの停滞期なので、私に払わせてください」「え、そうなんですか？　じゃあ仕方ないなあ」といった攻防が起こるのです。

ハタから見ると「?」という感じでしょうが、強硬に奢りたくなるくらい、この方々は「金払い」は「厄払い」であること、その重要性と効果を実感されているのです。


そして4つめは、少し変わった方法なのですが、**パチンコや競馬などの賭場に行くこと**です。実際に賭け事をするのではなく、その場で少しの時間を過ごします。

パチンコ屋や競馬場は、賭け事をするエネルギーが燃え盛っている場所です。

行ったことがある人はわかると思いますが、賭場にいる人たちはみんなギラギラ、カッカしていますよね。その場の空気に触れるだけでも、腐った金運を燃やすことができます。

パチンコ屋や競馬場というと、タバコ臭いとか、ガラの悪い人が集まっているというイメージが強いかもしれませんが、最近は、アミューズメント施設としての一面が色濃くなっています。

フードコートや休憩室が充実しているなど、賭け事をしなくても快適に、ゆったり過ごせる場を設けているところも少なくありません。

たとえば、競馬場のフードコートで食事をする。パチンコ屋の休憩室でひととき、本でも読みながら過ごす。これだけでも腐った金運を燃やす効果があります。

◉金運は「財布の中のお金」と同じ

仮に、お財布のなかに100万円が入っていると想像してみてください。

さて、みなさんは、どうしますか？

この100万円を、しかるべきタイミングにリスクをとって使い、チャンスに変えることのできる人は、お金持ちになれます。

では、お金持ちになれない人は、どういう人でしょう。それは、せっかく手元にある１００万円の有効な使い道がわからず、もったままにする人です。

１００万円は、何もせずにおいておけば、ずっと１００万円のままです。有効な使い方がわからないまま、何となく使っているうちに、いつの間にか、なくなってしまうでしょう。

この１００万円を金運に置き換えて考えてみると、金運の性質が理解できるのではないでしょうか。もったままでは、お金には恵まれない。有効に使ってこそ、お金に恵まれるというわけです。

では、金運を使うにはどうしたらいいと思いますか。お金と違って、金運は目にも見えなければ、手で触れることもできない。それを「使う」とは、いったいどういうことなのでしょうか。

ここで重要になるのが、「才能」なのです。

自分の才能を使って人の役に立つ。すると、そこには必ずお金が発生します。**目に見えない、手で触れることもできない金運を使うには、自分の才能を見つけ、使えばいい**というわけです。そう考えると、才能とは、金運の現実の姿といってもいいのかもしれません。

多くの人は「金運を上げたい」とおっしゃいます。でも、考えてもみてください。月収10万円のパート主婦が金運を上げたら、明日から毎日、道端で10万円を拾うでしょうか。あるいは月収25万円の会社員が金運を上げたら、何の根拠もなく給料が2倍、3倍になるでしょうか。

どちらとも、ほぼ起こり得ないことです。

「金運を上げれば、何もしなくてもワンサカお金が入ってくるんだ」と期待していた人は、かなりガッカリしたかもしれません。

でも、本書の冒頭でもお伝えしたように、**才能は「毎年当たる宝くじ」**のようなものです。誰もが自らの才能を通じて、少なからぬお金を得ることができるのです。

もちろん、風水や家相学の観点から「金運を上げる方法」をお伝えすることはできます。実際に後の章でも紹介しますが、それさえ実践すればお金に恵まれるわけではありません。

金運と才能の仕組みをきちんと理解したうえで、風水や家相学は最終的な「詰め」として、あるいは自分の気持ちを上げるために取り入れていただければと思います。

自分の才能で金運を使っていく

すでにお話ししたとおり、金運を使うには、自分の才能を使って人の役に立つこと。まず自分の才能を明確にし、その才能を使って人の役に立てば立つほど、お金に恵まれていきます。

「手相は、第2の脳のシワ」ともいわれます。

僕の先生が、以前、こんなことをいっていました。

「金運の相が出るかどうかは、脳が限界を感じているかどうかの違いだ。『自分はまだまだ、これからだ』という向上心がある人は、**どれほどお金持ちでも、金運の相が出ない。**逆に『自分はこんなもんだ』と自分の可能性の天井を設け、諦めてしまっている人ほど金運の相が出る」

たしかに、僕が日ごろお付き合いさせていただいているなかでも、すでに大きく成功していながら、なおもイキイキと挑戦と成長を続けている方ほど、金運の相が出ていません。

彼らは、いまだに衰えない向上心があるから、自らの才能を通して、今も金運をバンバン使っているのです。

◉「自分の才能は何か」なんて聞かないで

金運を上げてもお金には恵まれない。才能こそがお金に恵まれていくカギになると聞いて、きっと「じゃあ、自分の才能は何だろう？」と思ったでしょう。

でも、間違っても、どこぞの評判の占い師のところに行って、「私の才能は何でしょう？」「どんな仕事が向いていますか？」「天職は何でしょう」などと聞くのは、やめてください。

才能は、ほかでもない自分の内側に眠っているものです。

それを、会ったばかりの占い師に聞いて知ろうなどというのは、「私は自分に関心がなくて、自分のことがまったくわかっていません。努力もしていません」と公言しているのと同じ。それほど恥ずかしいことはないと僕は思います。

自分の才能は、人に見つけてもらうものではありません。自分にしか見つけられないものです。それには、まず自分に関心をもち、努力する必要があるのです。

次章では、どうやって自分の才能を見つけたらいいかをお伝えしていきます。

それは、はじめにでもお伝えしたように、99パーセントの運を開く1パーセントのきっかけにすぎません。

自分で才能を見つけ、開花させていくことでしか、才能を使ってお金を得ていくことはできないのです。もちろん、出会ったばかりの占い師に、あなたの才能を見抜けるわけがありません。

◉才能は「毎年当たる宝くじ」

そんなことより「どうしたら宝くじが当たるか」など、手っ取り早くお金に恵まれる方法を知りたいんだ、なんて思いましたか？

前にいった「才能とは『毎年当たる宝くじ』のようなもの」というのは、決して大げさな話ではありません。

たとえば目の前に占い師がいて、「金運が上がっていますね」といわれたら、その後どんな行動を起こしますか？

僕の経験上、多くの人は「そうですね、金運が上がっているなら宝くじでも買いますね」と答えます。つまり「金運が上がっている」というときの行動の選択肢が、「宝くじを買う」くらいしかない、これが実は大きな問題なのです。

どれほど金運が上がっても、高額の宝くじが当たる確率は多くて一生に一度あるかないかでしょう。たとえ運よく当たったとしても、お金は、使えばどんどんなくなっていきます。

では、才能を見つけて使った場合はどうでしょう。

どんなに運がいい人でも、毎年、100万円の宝くじが当たる人はいません。でも才能を見つけて使えば、100万円を「毎年」どころか、「毎月」でも得られる人間になることも可能です。

生涯の収支で考えたら、**才能によって得られるお金は、運よく宝くじが当たって手にするお金以上**です。それも、少しだけ上回るのではなく、まったく比べものにならないくらい上回るというわけです。

そう考えたら、当たるかどうかもわからない宝くじに頼るか、自分の才能を見つけて使うか、どちらのほうがいいですか。「それでも、やっぱり宝くじがいい」という人は、おそらくいないはずです。

◉天は二物以上を与える

自分の金運を使うには、ビジョンをもって、それに向かってリスクをとってみずから行動すること。そのすべての原動力となるのが自分の武器、才能です。

「自分には何の才能もない」と思っているかもしれませんが、**この世に才能のない人間なんていません。**

誰もが1つだけでなく、複数の才能をもっています。「天は二物を与えず」という言葉がありますが、仮に世界を創造した神様がいたとして、そんな偉大な存在が、個々の人間に1つずつしか才能を与えなかったはずがありません。

たとえば、野球選手を見てください。

何かの雑誌記事で読んだところによると、全国の野球人口のうち、プロ野球選手になれる人は、わずかに0・08パーセントと推計できるそうです。つまりプロ野球選手は超・エリートということです。

では、その0・08パーセントに入るには何が必要でしょうか。

まず、そもそも野球の才能がなくてはいけませんが、それだけでは0・08パーセントにはなれないでしょう。

しんどくても練習を続ける、計画を立てて着実に実行していく、セルフマネジメントする……すべて才能です。これらの複合的な才能を存分に発揮しているのが、あの0・08パーセントの人々なのです。

◉人には「年齢の数」だけ才能がある

話はこれだけでは終わりません。

野球の選手生命は、一般的な会社員よりもずっと短いものです。20代や30代で引退する選手も少なくありません。

彼らはいったい、引退後に何をしているでしょう。野球解説者になる人もいれば、監督に任命されて日本一を成し遂げる人もいます。はたまたタレント活動を始めて、お茶の間の人気者になる人もいます。

ここで発揮されているのは、一般向けにわかりやすく話す才能や、リーダーとしてチームを率いる才能、愛嬌のある振る舞いやトークで人の心をつかむ才能などです。つまり引退してから、新たな才能が開花しているということです。

「人には、自分が重ねた年齢の数だけ才能がある」

僕の先生がいっていたことです。

年齢の「歳」は「才」とも書きますね。そして「才能」とは「才の能」、つまり「年齢の数だけの能力」ということです。

僕たちは、「1才、2才、3才……20才、25才、30才」と才を重ねる数だけ、能力の数も重ねているのです。たとえば今年39才になる僕には、39個の才能があるはずだということです。

それは我が身を振り返ってみても、あながち間違ってはいないと思います。

思ってもみなかったことですが、僕は、師匠との出会いを機に占いの勉強を始めました。それから14年、今では占いを通じて多くの方とご縁を結んでいます。

でも一方には、僕以上に長く占いを続けているのに、一向に職業として成り立たない人もいます。

現に以前、ある占い師から「あなたより私のほうが占いの知識は多いはず。それなのに、私は1時間3000円で、お客さんの数は、せいぜい月に10人程度。どうして、あなたのところにはお客さんが絶えなくて、私のところには全然お客さんが来てくれないのか」といわれたことがあります。

たしかに、その人は僕以上にたくさん勉強を重ねて、膨大な知識を身につけてきたのでしょう。ひょっとしたら、その点では敵わないかもしれません。

でも、僕は、たとえば話すことが好きです。人を笑わせることも好きです。それに書くことも好きです。「好き」は才能の始まりなので、占いの勉強のうえに、これらがすべての才能が合わさって、今の僕があるといえるのです。

そして才能が開花すると、あるものが生まれます。

それは「魅力」です。

才能が開花するほどに魅力が上がり、人もお金も引き寄せる力が強くなるのです。

僕のところには多くのお客さんが来てくれる一方、どれほど占いの知識を極めても、その人のところには、あまり人が集まらない理由は、そういうところにあるのかなと思いました。

才能と聞いて、「自分の才能を使ってお金を得ていくなんて、そんな自信はない」なんて思った人もいるかもしれません。

でも、「自信がない」は、まったく理由になりません。

そもそも「自信がない」というのは、最初から何もやらない人が使う言葉です。

才能を開花させ、成功していくために「今」があるはずなのに、その「今」と向き合おうとしていない。自分に関心を持って、「いったい自分は何が好きなんだろう」と考えてもみない。

つまり「自信がない」というのは、自分と向き合わないための単なる逃げ口上に過ぎないのです。そういっている限り、きっと何も行動を起こそうとしないまま、不満を募らせるだけでしょう。

さて、みなさんは、それでいいでしょうか。

では次章からは、いよいよ自分の才能を見つけ、進化させ、そして一生を「喜楽」に生きる方法をお伝えしていきます。

才能は、誰もがもっている最大の財産です。**いくら金運を上げてもお金持ちにはなれない。才能こそがお金に恵まれていくカギ**であるということを、しっかり胸に刻んで読み進んでいただければと思います。

1章

見つける——

人には「年齢の数」だけの才能がある

才能を見つける準備を整える

自分の才能を使ってお金を得ていきたい。

でも、まだ自分の才能が何かわからない。

おそらく多くの人が、この段階にいると思いますが、誰もが、いつからでも才能を見つけることができます。

そのための準備として、まずは2つ、おすすめしたいことがあります。

◉先に「ゴール」を決める

まずやってほしいのは、ゴールを決めることです。

ゴールとは、言い換えれば、理想の未来像です。

ハワイに別荘をもつ、タワーマンションを買う、ポルシェを乗り回す、年の半分は海外で過ごす……「え、そんな俗っぽいことでいいの？」と思ったかもしれませんが、それでいいのです。自分の欲に忠実になってください。

こうして**先にゴールを決めてしまってから、「では、どうやってそれを得ていくのか」を考えればいい**のです。

今の若い人たちは、あまり欲がないといわれています。

僕も高校などで講演する際、よく「お金持ちになりたい人！」と聞くのですが、手を挙げる子は、たいていは半数以下です。多くは「普通でいい」といい、さらには「貧乏でも愛さえあればいい」などという子も一定数います。

たしかに「欲がない」。ただし、その裏側には「普通のありがたみ」「貧乏の本当の恐ろしさ」がわかっていない、ということもあると思います。

貧乏とは「明日、食えるかどうかもわからない」という状態です。そんな状態に陥らないために、そして「普通」の暮らしをさせるために、自分を育ててくれた人たちが、どれほど努力し、気を配ってきたか。

それがピンときていないから、「普通でいい」「貧乏でも愛さえあれば」なんていうのでしょう。ただ問題なのは「普通でいい」といって普通をナメている人は、たいていは普通以下の生活をする羽目になるということです。

そうならないためにも、**「この先、どんな自分になれたらうれしいだろうか」**と、ワクワクしながらゴールを決めてほしいと思います。

ちなみに、お金持ちの社長さんがこう言っていたことがありました。「『人生は金じゃない』といっている人ほど、お金を持っていない」。また、「幸せはお金では買えないけれど、不幸の原因の80％はお金で解決できる」と。

◉「叶」に込められたメッセージ

はたして10年後、あなたはどうなっていたいでしょうか。10年後も今と同じ仕事、今と同じ収入で満足でしょうか。それは嫌だと思うのなら、先にゴールを決めること。そしてゴールを決めたら、しょっちゅう口に出してください。

漢字には昔の人たちの知恵が詰まっています。

「十」と「口」と書いて「叶」ですよね。

言葉は現実を作り、10回、口に出したことは叶う。

決して大げさな話ではなく、**年がら年中「私はお金持ちになって、こんなことをする」といっている人は、才能を開花させるチャンスに恵まれ、早くも1年後には、確**

実に今とは違う生活をしているはずです。

ただ、ここで1つ注意していただきたいことがあります。いくら「叶」の意味がわかっていても、途中で口に出さなくなることがあるのです。せっかく設定したゴールを見失い、夢や目標をなくす、といってもいいかもしれません。

問題は、口に出さなくなる理由です。

僕の師匠は、「自分が口に出した言葉は、地球を一周回って、自分の背中に返ってくる」とよくいっていました。

その言葉の後押しによって、自分の器が大きくなり、より多くの運が入ってくるようにもなります。こうしてチャンスをつかみ、ゴールに一歩ずつ近づくわけですが、この過程を経ていくには、じつは痛みを引き受ける覚悟が必要です。

なぜなら、器が広がる際には、リスクを背負ったり、困難、苦難、災難という何かしらの「難」が起こったりするものだからです。

いってみれば成長痛のようなもので、**器が広がることには痛みがともなう**のです。しかも、器がレベル1、2、3と広がるごとに、生じる痛みのレベルも1、2、3と大きくなっていきます。

もう想像がついたかもしれません。

多くの人が、「自分はこうなる」と口に出さなくなる理由、それは、器が大きくなる際の痛みに、次第に耐えられなくなるからです。

先ほどもいったように、「自分はこうなる」と口に出し続ければ、必ず叶います。

ところが、多くの人が、それを叶えるために起こるリスクや難の痛みに耐えられなくなり、途中で「もういいや」と諦めてしまうのです。

そうなった時点で、器の成長は止まり、つかめる運も頭打ちとなって、結局はゴールにもたどり着けません。皮肉な話ですが、そういう人ほど、「諦めのサイン」のようにして、金運の相がクッキリと現れるというのも、よくあることです。

◉「準備」ができている人、できていない人

ここで1つ、たとえ話をしましょう。

「ハワイに行きたい」といっている人がいるとします。「行きたい、行きたい」といいながら3年ほどが過ぎたある日、街中で「無料のハワイ往復航空券が当たるくじ」

を見かけました。さて、みなさんならどうするでしょうか。

ハワイに行きたいのなら、またとないチャンスのはずですが、おそらく10人中9人が素通りすると思います。

なぜなら「どうせ自分が当たるはずがない」と思っているからです。「当たる」「ハワイに行ける」という可能性を信じられないから、せっかくのチャンスを目の前にしても、つかみに行けないのです。

でも10人に1人は、このチャンスをつかみに行き、そして、みごと当選したとしましょう。ところが当たりくじには、なんと「当日のみ有効」という条件がありました。

ここでふたたび、さて、みなさんならどうしますか。

「そんなの無理に決まってる！」と憤りすら感じ、諦めてしまう人が大半でしょう。

このチケットでハワイ旅行を叶える人の割合は、くじを引く人の割合とは比べものにならないくらいほど低く、5000人に1人と考えておきましょう。これは、じつは日本におけるセレブの割合です。

では、それ以外の4999人が、最後の最後にチャンスをつかめない理由は何でしょうか。ひと言でいえば、「準備ができていなかったから」です。

3年前から「ハワイに行きたい、行きたい」といっていたにもかかわらず、何も準備をしていなかった。では、なぜ準備をしていなかったかといえば、「ハワイに行ける」と信じていなかったからです。

一方、当日のみ有効のチケットでハワイに行く人、つまりセレブになれるような人は、3年前から、かばんにパスポートと着替えとお金を入れて持ち歩いていました。だから、即座にハワイに飛び立つことができた。つまり、それほど「自分はハワイに行く」と信じて疑わず、いつ、そのチャンスに恵まれてもつかめるように準備を整えていたわけです。

要するに、**自分の願いは「叶うもの」として、チャンスをつかむ準備ができているかどうかが、本当に願いが叶うかどうかの分かれ道**という話なのです。

◉「なりたい」という人、「なる」という人

今のハワイ旅行のたとえでは、準備とは「かばんにパスポートと着替えとお金を持ち歩くこと」でしたが、実際には、これは意識の問題です。そして意識下で準備ができているかどうかは、言葉に表れます。

ゴールを決めた時点では、誰もが同じ出発地点に立っています。でも、本当にゴー

ルに到達できるかどうかは、その後の言動によって分かれるということです。

端的にいえば、成功する人、しない人の言葉遣いには、次のような違いがあります。

「私はお金持ちになりたいのですが、どうしたらいいでしょうか」

「私はいずれお金持ちになるのですが、今の自分には何が足りないでしょうか」

似ているようで、まったく違いますよね。

前者は、「なりたい」という願望をいっているだけで、これから何かをしていこうという意気込みが感じられません。

それに引き換え後者は、「なる」と言い切っています。

「なる」ことは自分のなかですでに決まっているから、覚悟を決めて、必要なリスクをとりつつ挑戦していきたい。そのためには何が足りないかと聞いているのです。

だから、「なる」という人の相談は、あっという間に終わります。「なる」という言葉は、必ず行動に現れるものだからです。

僕がアドバイスしたら、「なるほど、わかりました。じゃあやってみます！」でおしまいです。相談が始まってから5分、10分で帰ろうとするので、僕のほうが「こんな短時間に何千円も払っていいのか？」と心配になることもあるほどです。

でも、彼らからすれば、アドバイスを聞いて自分の道が見えたら、それ以上、止まる理由はありません。

「たまには、もうちょっとゆっくりしていったら？」なんていうこともあるのですが、「いや、けっこうです。やりたいことが見えたんで！　ありがとうございました！」と、そそくさと帰ってしまいます。

話が早いというか何というか、とてもサッパリしていて気持ちのいい人たちです。

一方、「なりたい」という人は、たいていダラダラと時間だけが過ぎていきます。

今の状況を考えてアドバイスをしても、風水や家相学的なアドバイスをしても、「そうなんですけどねー」「わかってはいるんですけどねー」などなどと、煮え切らない態度が続きます。

「わかってるなら、やればいいのに」と思ってしまいますが、いくらそう伝えても、なかなか行動することの重要性に気づくことができません。どこかで諦めてしまっているから、「よし、やってみよう」という気になれないのです。

「言霊《ことだま》」というように、言葉には魂が宿っています。**言葉は単なる音の羅列ではなく、自分の意識の表れであり、その意識が現実に作用している**のです。

現に、「なる」といっていた人が、才能を発揮しながら大きく成功していく姿を、僕は数え切れないくらい目にしています。でも、「なりたい」といっている人で成功している人は、いまだに見たことがありません。

だから、まずゴールを決め、なおかつ「こうなりたい」「こうしたい」ではなく**「こうなる」「こうする」**と口に出すようにしてください。これが1つめの準備です。

◉「年収と同じ額」を貯金する

そして2つ目の準備は貯金です。現実的すぎて驚いたかもしれませんが、それが、ゆくゆく才能を開花させる「元本」になります。

目指したい貯金額は、ざっくり年収と同じ額です。

1年分の貯金があれば、1年間、仕事を休めます。ひとまず生活費を気にせずに、じっくり自分と向き合うことができるわけです。

あるいは、何かやりたいことが見つかったら、学校に通う、資格を取る、原料を仕入れるなど、決まってお金がかかります。

せっかくやりたいことが見つかったというのに、お金がないことが足かせになるなんて、それほど、もどかしいことはありません。才能を見つけ、開花させるために、今から、まとまったお金は作っておいて損はないのです。

年収と同じ額だけ貯めるのは大変に思えるかもしれません。

でも、何もしなければ、ずっと貯金ゼロのまま。今から月1万円ずつでも積み立て始めれば、5年後、10年後にはちょっとした額になります。**「このままでいいのだろうか」と思うのなら、貯金は、誰もが踏み出せる最初の一歩**なのです。

才能を見つけるヒント

- 言葉が現実をつくる。何度も口に出せば叶う
- 10年後のゴールを決めて、「自分はこう『なる』」と口に出してみよう
- 「器が広がるときの痛み」を覚悟しよう
- とりあえず毎月、できる額の貯金を始めてみよう

「五感への刺激」が、才能を見つけるきっかけになる

ゴールを決めたら、しょっちゅう口に出していう。貯金をする。こうして才能を見つける準備を整え始めたら、同時進行で、才能を見つけるきっかけをつかんでいきましょう。

効果的なのは、「五感への刺激」です。

今まで見たことも聞いたことも、味わったことも触れたことも嗅いだこともない、自分にとって未知の体験には感動や感激がつきものです。こうした**五感への新たな刺激が、才能を見つけるきっかけになることが多い**のです。

五感への新しい刺激は、まさに新たな自分の発見につながります。

もし今いる場所で気持ちが停滞し、何がやりたいのかもわからない状態に陥っているのなら、少し好奇心を働かせて、未知のものに触れに行ってください。

◉ニートが激変したきっかけ

以前、お母さんに連れられて僕のところにきた青年もそうでした。

彼は、ある一流大学を卒業してから8年間、一度も就職することなく、ずっとニートだといいます。頭はボサボサのヒゲ面で、僕の前でも「無理やり連れてこられた」ことを隠そうともせず、ダルそうにしていました。

そんな彼の横で、お母さんだけが感情的に話し、最後に「○○くん、なんで働いてくれないの?」と泣き出してしまいました。

すると彼が急に声を上げました。

「ああ? おまえが言ったんだろうが! 私立の進学校に行けっていうから行った。一流大学に行けっていうから、がんばって受かった。ここまでおまえのいうとおりにしてきたんだから十分だろ。なんで今また『働け』なんて言うんだ!」

この言葉を聞いたとき、正直、僕は「この人は一流大学に行くほどの頭脳があっても、僕より馬鹿だな」と思いました。

それでも冷静を保ち、「やりたいことがわからないのなら、五感を刺激するといいんだよ」などと話しましたが、彼は「はい、はい」と受け流したかと思うと、今度は、なぜ自分は働かないのかを話し始めました。

いわく「今の政治には希望が持てない。そんな腐った世の中で働く意味はない。そもそもどうして、縁もゆかりもない爺さん婆さんを、自分が働いた金で支えなくてはいけないのか」などなど。どれもひどい屁理屈です。

ここで、さすがの僕も耐えかねて、つい、こう口走ってしまいました。

「あんたね、1回、高いところから飛び降りて頭でも打ったらいいよ。そうしたら正気に戻るから」

すると彼は、「ああ、飛ぶ、か……」と呟いたきり、急に静かになったのです。ただ、それ以上は大した話に発展もせず、この親子は帰っていきました。

その後しばらくして、今度はお母さんが一人で僕のもとを訪れました。

何か進展があったのかと思っていると、開口一番、「先生、息子が飛び降りました」といいます。「えっ」と僕が驚いた瞬間、お母さんはひと言、「高度2000メートルから」と付け加えました。

あのとき「飛ぶ、か……」と呟いた彼は、昔から「空を飛んでみたい」という夢があったことを思い出し、なんとスカイダイビングに挑戦したそうなのです。

この新しい経験が、彼にとっては大きな転機となりました。ますます空に魅せられた彼は、まずスカイダイビングのインストラクターの免許、さらにはパイロットの免許も取得し、海外でネイチャーガイドの仕事に就いたといいます。

今では、家に月々5万円ほどの仕送りをするほどに変化したそうなのです。

◉海外旅行で人生が変わった女性

五感を刺激するために、お客さんに海外旅行をすすめることもよくあります。

現に、ある女性のお客さんは、まさに海外をきっかけに才能を開花させました。

彼女は当時、小さなお子さんがいるシングルマザーだったのですが、僕が「才能を見つけるには五感の刺激がいい。それには海外旅行がおすすめ」という僕の言葉をきっかけに、ふと心惹かれたフランスを旅しました。

「フランスでは、私の才能は見つかりませんでした。でも、『また行きたい』という目標ができました。お金を貯めて、絶対にまたフランスに行きます」

帰国直後は、こう話していた彼女でしたが、その後、じつはフランスで「運命の出会い」をしていたと気づくことになります。

出会いといっても異性との出会いではありません。彼女の場合は「味」との出会いでした。フランスで食べた、あるお菓子の味が忘れられなかったのです。

まず日本では食べたことがない。「自分が知らなかっただけかもしれない」と、帰国後に調べてみたけれど、やはり日本では売っているお店が見つからない。

そこで、昔からお菓子作りが趣味だった彼女は、「またフランスに行ってレシピを習えば、自分で作れるんじゃないか」と考えました。それが彼女のフランス再来訪の目的になりました。

それからしばらく後、フランスでレシピを習うという目的を果たした彼女は、日本でせっせとそのお菓子を作っては、友だちに食べてもらうようになりました。「おいしい」「こんなお菓子は食べたことがない」と誰からも好評だったそうです。

すると、あるとき、親しい友人から思いもよらぬお願いをされました。

「近々結婚するんだけど、あなたが前に食べさせてくれたお菓子を、披露宴の最後に招待客に渡すギフトにしたい」といわれたそうなのです。「ちゃんとお金を払うから、200個お願いしたい」という話でした。

ただただ周りの人に「おいしい」といわれて喜んでいた彼女は、この話に驚くと同時に戸惑ってしまったといいます。

「私みたいな素人が作ったお菓子、そんな大切な場には相応しくないのでは……」

ためらう彼女に、僕はいいました。

「人からお願いされるというのは、あなたにそれだけの能力と価値があるからですよ。ちゃんとお金も受け取って、プロとしてやればいいじゃないですか」

ここで覚悟を決めた彼女は、ラッピングまで丁寧に施して、200個ものギフトを完成させました。

話はこれで終わりではありません。

それから間もなくのこと、その結婚した友人から彼女に、「披露宴に出席していた女性から、『あのお菓子を作った人を紹介してほしい』といわれたんだけど……」という連絡が入ります。

いったいどんな用事かと思いながら、その女性に会ってみると、いきなり「あなた、あのお菓子のお店はやらないの？」といわれたそうです。

「いえいえ、私なんて素人ですから……」と答えた彼女に、その女性は、こんなオファーをしてきました。

「私が持っているビルに1つ、小さな空きテナントがあるから、そこにお店を出してほしい。基本的な設備は私がそろえるし、最初はテナント料もいらないから」

そうはいっても、彼女はシングルマザーです。パートの仕事もあるし、幼稚園の送り迎えを考えると、どうがんばっても、お店に立てるのは10時～14時ぐらいです。

突然のオファーに戸惑ったのも無理はありません。

でも、もう話は決まったといわんばかりに「とにかくやってみない？　ね？」という女性に半ば押し切られる形で、彼女はお店を始めることになりました。

それにしても、「設備はそろえてあげる。テナント料はいらない」とは、相当な大盤振る舞いです。

「どうしてそこまでしてくれるんですか？」と彼女が聞くと、その女性はひと言、「私が食べたいからよ」といったそうです。

彼女は、ただ自分が惚れた味を、みんなにも味わってほしくて、そのお菓子を作り始めました。彼女にとっては、それが喜びであり、楽しみだったわけですが、その「好き」の力が、「自分がお金を出してでも、お店をやってほしい」という熱烈なファンを引き寄せたのです。

さて、こんな予想外の展開で出すことになったお店は、どうなったでしょうか。

10時～14時までお店を開けていたのは最初の1週間だけで、2週間めあたりからは、10時に開店したら11時には閉まるようになっていました。

評判が評判を呼んで大行列ができるようになり、開店から1時間と経たずに売り切れるようになってしまったからです。

さらに、それから3年ほどが経ったころだったでしょうか。

仕事で行った広島の駅で、「崔先生、崔先生！」と呼ばれて振り向くと、目をキラキラと輝かせた美しい女性がいます。

「おお、とうとう僕にも若い女性ファンができたか」なんて思わずニヤついた僕に「先生、覚えてますか？」と名乗った女性こそ、そのお菓子作りの彼女でした。

びっくりして「ここで何してるの？」と聞くと、「今日は視察と称して、広島で気になっているスイーツ店に食べにきたんです」とのこと。例のお菓子の店は、順調どころか「じつは、自社工場も作ることになりまして」と、さらなる発展ぶりも報告してくれました。

「それはよかったね！　ぶっちゃけ年収もだいぶ上がったやろ？」と聞いた僕に、ちょっと照れながら、彼女は「えへへ、そうですね、パート時代と比べると50倍……いや、１００倍くらいかな」といいます。

才能を開花させて、大きなお金に恵まれるようになった彼女に、僕は祝福の気持ちでいっぱいになりました。

◉最初は無償で人を喜ばせる

このお菓子作りの女性の例には、「海外旅行で五感への刺激を得る」ということ以外にも、いくつか重要なポイントが含まれています。

1つは、**自分が楽しんでできて、人から喜んでもらえることは、最初は無償でやるといい**ということ。

「お金を払う」というのは、人にとっては1つのハードルです。そういうハードルがあると、どれほど価値のあるものでも、存在を知られるのに時間がかかります。悪くすれば、ほとんど存在を知られないままになる可能性もあるでしょう。

お菓子作りの彼女も、最初は無償でお菓子を配っていました。お金を受け取ったのは、依頼を受けて作った結婚式のプレゼントが最初です。それが一人の招待客に見初められ、お店を出すことにつながりました。

◉「褒め言葉」や「お願い事」を拒否しない

そしてもう1つ重要なことは、**人からの褒め言葉やお願い事には「ノー」といわないこと**です。

じつは彼女も、最初は、お菓子を食べた友だちから「おいしい」といわれるたびに、うれしいと思いながらも謙遜していたそうです。

僕が食べさせてもらったときも、そうでした。本当においしかったので、素直に「なにこれ、めっちゃうまいやん！」といったのですが、「いえいえ、そんな大したことないです」と小さくなっていたのです。

そんな彼女に、僕は「褒め言葉は否定せずに、胸を張って受け取ったほうがいいよ」と伝えました。

「謙遜」を美徳とするためか、日本人には、ほとんど条件反射的に褒め言葉を否定する人がとても多いように思います。

でも、褒め言葉を否定するというのは、褒めてくれた相手の価値観を否定するのと同じことです。これは相手に失礼だという以上に、じつは自分の才能にとって大きなデメリットになります。

というのも、褒め言葉を否定した瞬間、自分のなかでは、その褒め言葉が「なかったこと」になって印象に残らないため、そこに自分の才能があることに気づけなくなってしまうからです。それればかりか、褒め言葉を否定する言葉は自分に跳ね返ってきて、結果的に自己否定感を生み出しかねません。

褒め言葉を否定することが、こうして、自分で自分の才能を見出し、開花させるというプロセスの大きな障害になってしまうのです。

自分が楽しんでできることで誰かが喜んでくれる。これは素晴らしいことです。

ですから、今後、才能でお金を得ていきたいのなら、「すごいね」と褒められたときには「そうでしょう、私もそう思います」、「ほかには、ないね」と褒められたら「そうでしょう、私だけだと思います」と返せるくらいであってほしいと思います。

そしてこの延長線上に、いよいよ才能でお金を得るというプロセスがあります。

自分が楽しんでできて、人が喜んでくれることを無償でやる。褒め言葉を素直に受け取る。そうしているうちに、今度は自分からではなく、向こうから「やってほしい」とお願いされるケースが出てきます。

お菓子作りの彼女が、まず知人から「披露宴で招待客に配るお菓子を作ってほしい」とお願いされ、そこから縁がつながってお店を出すことになったように。

こうなったら、今までやってきた「自分が楽しんでできて、人が喜んでくれること」は、もう「趣味」ではなく「仕事」です。

そして仕事である以上は、無償ではいけないし、お金を受け取る以上は、「プロ」としてしっかり務めなくてはいけません。**お金を受け取ることが、質の高い仕事をするプロ意識につながる**といってもいいでしょう。

質の高い仕事をする人には、次々と依頼が舞い込みます。こうして才能でお金を得る道が開けるというわけです。

才能を見つけるヒント

- 未知の世界を「体感」してみよう
- 自分が楽しめることを、まず無償で人に提供してみよう
- 褒め言葉は素直に受け取ってみよう

好きだから努力できる、それが才能

自分の人生の主人公は、自分自身です。

あなたは、そのことをちゃんと自覚しているでしょうか。

ためしに、今ここで、年齢を指折り数えながら、自分の才能を数えてみてください。

もし、自分の才能を数えられないのなら、それは、自分の人生のシナリオにもかかわらず、自分のことを「通行人A」くらいにしか認識していないということかもしれません。

才能は、身近なところに隠れている場合もよくあります。もしかしたら、すぐそこにあるのに、あなたが気づいていないだけかもしれません。

人は安定を好み、変化を恐れる傾向があるので、「このままでいいのだろうか」と思っていても、現状維持を選びがちです。

本当は「このままではダメだ」「こんなことをやってみたい」と思っていても、「できない理由」を考えて尻込みしてしまうのです。

結局はそれで満足というのなら、僕からは何もいうことはありません。でも、やっぱり変わりたい、お金に恵まれる人生にしていきたいと思うのなら、ぜひ、ここでまた一歩、才能を見つけるために進んでほしいと思います。

◉嫌いなことで才能は開花しない

「好きなことをしてお金が得られたら楽しいけれど、それができないから苦労してるんじゃないか」というかもしれませんが、その発想から脱することが大切です。

プロ野球選手で野球が嫌いな人はいないでしょう。歌手で歌が嫌いな人もいないはずです。僕の周りのお金持ちも、仕事が好きで楽しくて仕方がない、という人ばかりです。

これは一部の特殊な人間の話ではありません。

才能は「好き」から始まるのだから、本当は誰もが、自分の好きなことでお金を得ていけるのです。

さて、あなたにとって、心から「私は、これが好きだ」といえることは何でしょうか。自分の才能と聞いてピンとこなかったのなら、もっと自分に関心を向けて、まず、そこから振り返ってみてください。

そして好きなことがあるのなら、「できない理由」は考えないで、その道を極めていくほうへと進むことを、現実的に考えてみてください。好きなことならば、努力を惜しまず鍛錬していけるはずです。

たとえば、テニスが大好きな人がいるとします。この人は、体育の授業で無理やり走らされるマラソンを、いつもがんばって完走しています。イヤイヤやっているので、タイムは一向によくなりません。

でも、大好きなテニスであれば、毎日でも練習できます。大好きだからこそ上達したいし、上達するために努力もできます。この人にとって、テニスは「がんばらなくてはいけないこと」ではなく「努力できる」ことなのです。

やりたくないことを続けて、そこそこのお金を得るか、大好きなことを極めて、大きなお金を得るか。

イヤイヤやっている仕事で月に50万円を得ている人は、おそらく、この先も変わらないでしょう。でも、**自分の好きなことで10万円を得られる人は、この先、年収1000万円や2000万円にもなる可能性を秘めています。**

自分の「好き」を起点に才能を開花させると、それくらい大きな変化が起こるということです。

◉「好き」を突き詰めて成功した女性たち

僕のお客さんにも、こんな人がいました。

その女性は50代の専業主婦で、学校を出てすぐに結婚したため、これといった仕事経験はありませんでした。

悩みは「このままでいいのだろうか」という漠然とした不安があること。稼ぎのいいご主人から「君は何もしなくていい」といわれてきたことが、「自分には何の取り柄もない」「自信がない」というコンプレックスにつながっているようでした。

比較的裕福で、周囲からうらやましがられる生活をしている。たしかに何不自由ないのはありがたい。そう思う反面、このままご主人の身の回りの世話をするだけで一生を終えたくない。そんな気持ちが見え隠れしていました。

「何の取り柄もないなんて、そんな人間はこの世に一人もいませんよ。たとえば、あなたには何か好きなことがありますか？」

そう問いかけてみると、「じつは植物が好きで、ガーデニングに興味があります」とのことでした。聞けば、すでにベランダにプランターを並べ、植物を育てているといいます。

「じゃあ、ガーデニングを本格的に勉強してみたらどうでしょう？　中途半端だと、また『自信がない』に陥ってしまいそうなので、やるんだったらとことんやってみたらいいと思いますよ」

50代主婦で仕事経験もなし。そんな女性が今から何かを始めても、どうにもならないと思うかもしれません。

でも、この女性のその後を知ったら、そんな考えはきっと改められるでしょう。

さっそくガーデニングの勉強を始め、難しい資格試験を通ると、ちょうど時期を同じくして、この女性の「ベランダガーデニング」を見た近所の人から「うちの庭も素敵にしてほしい」という依頼が入りました。

これが喜ばれたことで口コミが広がり、ついにはガーデニング講師として活動を始めたのです。あっという間に引きもきらぬ人気講師となって、今ではガーデニングの本も出版しています。

才能がない人なんて、この世に一人もいません。この女性のように、好きなことを突き詰める一歩さえ踏み出せば、お金に恵まれる道は、その先にいくらでも開かれているのです。

もう1つ、若い人の例も挙げておきましょう。

その女性は食べることが大好きで、ちょっと辛口なグルメブログを始めました。お店を褒めそやすPRのようなグルメ記事があふれているなかで、彼女の正直なレビューは、すぐにグルメファンの間で評判になりました。

それが出版社の目に留まってフードライターとなり、さらには、その辛口な視点を生かして、飲食店のアドバイザーとしても活動しているそうです。

もちろん、この女性もポッと急に成功したのではなく、本当においしい店に通ったり、食材や調味料の勉強をしたりと、舌を磨くための陰の努力がありました。好きだからこそ努力できたうえに、大きな飛躍があったのです。

◉「できない時間」を楽しむ

好きで始めたことでも、ときにはハードルに直面するものです。

最初は順調だったのに、何だかうまくいかなくなってきた。でも、そこで「自分には向いていなかったんだ」と投げ出すのは、ちょっと待ってください。

僕がよく釣りをご一緒させていただく方は、魚が釣れない人に、「釣れない時間を楽しんで」といっています。諦めずに、楽しみながら続けることができれば、必ず、できるようになるときがくるという意味でしょう。

好きなことを始めると、最初は楽しくて「これだ！」と意欲高く取り組みます。ただ、そうであればあるほど、うまくいかない時期のハードルは高くなります。

なぜハードルが高くなるかというと、人は才能があることに対しては、自分に厳しくなりがちだからです。人が「これくらいできれば上出来」と思えるレベルでは満足できず、「こんなはずじゃないのに」と、もどかしさが募ります。

でも、ここで「やっぱりダメだ」「自分には向いていない」と諦めてしまうのは、あまりにももったいない話です。**才能があるがゆえに、自分でハードルを上げているだけなのだから、続ければ必ず開花する**はずなのです。

才能を開花させるには、「うまくいかない時期」をも楽しんで、諦めずに努力しつづけることが重要です。「壁にぶつかったということは、これが自分の才能ということなんだ」と信じてほしいと思います。

◉「できなくて悔しい」のはなぜか

才能は、「最初から得意なこと」とイコールではありません。

うまくできなくて、悔しくてたまらないこと、そこにも才能が隠れている可能性があるのです。

思えば僕は、人前で話すことが最初は苦手でした。

僕が最初に講演の依頼を受けたのは、北九州のある高校でした。

300人ほどの生徒の前で1時間くらい話したのですが、なんと最初の15分で半分以上が居眠りするという有様でした。

講演後、最後まで起きていてくれた生徒に感想を聞くと、「まあ、先生、がんばったよね」と慰められてしまいました。そこでポキッと心が折れて、「講演なんて、もう二度とやるもんか」と思いました。

ところが、それから2日、5日、1週間と過ぎても、ずっと僕はモヤモヤしていました。寝ても覚めても講演の記憶が蘇り、うまくできなかったことが悔しくてたまらなかったのです。

悔しさのあまり、居眠りした生徒全員を恨めしく思う瞬間もありましたが、最後には「悪いのは、おもしろい話ができなかった自分だ」と思い至りました。

そのなかで「講演なんて、もう二度とやるもんか」という諦めは、いつしか「またチャンスがあれば、今度こそ、おもしろい話をしてやる」という意欲に変わっていったのです。

そのころには、とっくに講演の「敗因」もわかっていました。

半分以上の生徒を居眠りさせてしまった一番の理由、それは、話している僕自身が、自分でおもしろいと思っていなかったことです。自分ですら楽しめない話を、他人が聞いて楽しめるはずがありません。

そこで僕は、毎日のように海へ出かけ、堤防の突端で海に向かって話すことにしました。周囲に誰もいない環境で、ひたすら自分で自分の話を聞いていたのです。

才能がないことは、いくら下手でも気になりません。

できなくて「悔しい」と感じるのは、「自分にはできるはず」と思っているからでしょう。「できないという実情」に、「本当はできるはず」という自分の心が呼応した結果が、「悔しい」という気持ちなのです。

そういう意味では、「憧れ」にもまったく同じことがいえます。

今もお話ししてきたように、才能がないことは、できなくても悔しくない。それと同様に、誰かがすごいことをやっていても、それが自分の才能とは別世界のものならば、憧れなど抱きません。

「いいな」「すごいな」と思った時点で、自分も同じようになれる可能性があると考えてください。憧れは、将来、「私もあんなふうになりたかったな」と振り返るものではなく、今から「自分もあんなふうになる」と信じて、叶えていくものなのです。

悔しさも憧れも、あなたのなかに眠っている才能が、今や遅しと芽吹こうとしているサインです。できるようになるまで続けることで才能が開花し、大きく飛躍できる道が開けます。

才能を見つけるヒント

- 「好きなこと」が才能の始まり
- 「好き」だから壁にぶつかり、「好き」だから乗り越えられる
- 「できなくて悔しい」も才能

才能の「隠れ家」を探す

「好き」は才能を見つける最大のカギですが、これだけではありません。

才能は、何の脈絡もないところではなく、何かしら自分と関連したところに見つかるものです。だからこそ、いろいろな角度から自分と向き合ってみることで、必ず見つかるはずなのです。

そこで、どんな角度から自分と向き合い、才能を探したらいいか、いわば自分の身の周りにある「才能の隠れ家」をいくつか紹介しておきましょう。

「あ、そういえば、そうだった」と思い当たるものがあったら、それがきっと、あなたの才能のタネに違いありません。

◉「ご先祖様」「自分の幼少時代」を振り返ってみる

まず挙げられる才能の隠れ家は「過去」です。

あなたは幼いころ、どんなことに夢中になっていたでしょうか。

才能があることは、大人から「これが上手だね」と指摘されたり、「これをやりなさい」と指示されたりする前に、みずから見つけて取り組んでいることが多いものです。その時点で、小さな才能が芽吹いていたと考えることもできるわけです。

子どもは無意識のうちに選びとるものですから、自分では、はっきりと思い出せないかもしれません。ならば、幼いころの自分を一番よく見ていたお母さんに聞いてみるといいでしょう。

「あなたは、こういうことに時間を忘れて没頭していた」といわれてみると、「あ、そういえば」と思い当たる節があるかもしれません。それが才能を見つけ、磨くことにつながっていくというわけです。

さらに、才能が隠れている可能性があるのは、自分の過去だけとは限りません。

才能が世代を飛び越えて自分に授けられるというのも、よくあることです。だから、ご先祖様が職業としていたことを遡ってみるというのも1つの方法です。たとえば曽祖父くらいまでのご先祖様で「すごいな」と思える人はいませんか。

じつは僕も、裸一貫から商売を始めて成功した祖父を尊敬しています。そして、その祖父の才能を受け継いでいると感じています。

だから、もし親に資産があったとしても、遺産を受け取るつもりはありません。やせ我慢でもなければ、無私の精神からいっているわけでもない。なぜ遺産がゼロでもいいかというと、すでに、僕は十分に受け取っているからです。祖父をはじめとしたたくさんのご先祖様の「才能」という最大の財産を受け取っている。遺産という、いずれなくなっていくものには興味がありません。ゼロから新しく生み出していける才能を受け取っているからなのです。

みなさんも、もし尊敬できるようなご先祖様がいたら、自分のことも誇りに思ってください。

なぜなら、お祖父さんや代々のご先祖様を尊敬しているのなら、その人の才能は自分のなかにも生きているはずだからです。**尊敬の念を抱くことが、同じ才能をもっているる可能性を示している**といってもいいでしょう。

◉本棚を見れば才能がわかる？

才能の隠れ家として、最後に挙げたいのは「本棚」です。

本棚を見れば、その人がどんなことに関心をもっているかは一目瞭然です。関心は才能の現れですから、**本棚を見れば、その人の才能も一目瞭然**といってても過言ではありません。

実際、今までは何も意識していなかったのに、「才能の隠れ家」と思って本棚を見直したとたんに才能のタネを見つける人が、本当にたくさんいるのです。

本棚に並んでいる本を見渡してみると、ジャンルが偏ってはいないでしょうか。あるいは、「昔、ふと気になって手にとったものの読んではいない。だけど処分することもなく、なぜかとってある」なんていう本はないでしょうか。

これは僕自身にも覚えのあることです。

あるとき先生に、「才能を見つけるには、自分の本棚を眺めるといい」といわれ、帰省した際に、実家で昔のままになっていた自分の本棚を見ると、なぜか1冊だけ「手相の本」があったのです。

それまで忘れていたのですが、高校生のころに妙に気になって買ったことを思い出しました。

もちろん、当時は「占い師になりたい」と思っていたわけではありません。東京で突然、師匠と出会い、占いを勉強することになるというのも、想像すらしていなかったことです。

それが今では、占いを通じてお客さんの相談に乗ったり、こうして本を書いたりしているのです。実家で手相の本を見つけたときには、「高校生のころに、すでに出会っていたんだな」と、なんだか不思議な気持ちになりました。

僕のこの話は後からわかったことですが、これから才能を見つけていきたいという人は、ぜひ一度、自分の本棚を眺めてみてください。

今まで本を読む習慣がなかった人や、もっぱらネット書店で本を買うという人には、ぜひ今からでも、「書店に足を運ぶ習慣」をつくってほしいと思います。

思いもよらない本と出会える可能性があるというのが、書店のいいところです。

ブラブラと店内を歩いて本を眺めているうちに、何かふと心惹かれる本に出会うこともあるはずです。そこに、あなたの才能のタネが隠れている確率は、かなり大きいと考えていいでしょう。

才能を見つけるヒント

・幼いころは何をするのが好きだったか?
・尊敬するご先祖様の才能は、自分の才能でもある
・「憧れ」も才能の始まり
・自分の本棚に「才能のタネ」を探してみよう

才能は「人のご縁」のなかで使われる

成功というと、よく人脈づくりとセットで語られます。人とのご縁が大事というのは、何となくわかっている人も多いことでしょう。

でも、まず自分自身に何かしらの才能がなければ、たとえ「友だち100人」いても、お金には恵まれません。

人は「この人、おもしろいな」「この人、すごいな」と思う人に対して「また会いたい」「力になりたい」と思うものです。「あの人、すごいんだよ」と周りの人に伝え、ご縁をつないでくれたりもします。

才能があってこそ、人から人へとご縁はつながっていくものなのです。

ここでは簡単に僕自身を振り返りながら、いかに才能がご縁を呼び、お金につながっていくのかをお話ししておきましょう。

◉九州の一経営者が、なぜ本を出すことになったのか

僕は、東京で会社員として働いていたころ、不思議な縁に導かれて占いの勉強を始めました。

そして今は、九州で会社を経営しながら、開運アドバイザーとして個人のお客さんと日々向き合うほか、企業経営者の相談役や、住宅会社などからの依頼で風水に基づいた住宅コーディネートをしています。1年に50回は日本各地に講演に招かれ、本書を含めて3冊の本を出版しています。

おかげさまで忙しい毎日ですが、僕は、それを苦だと思ったことはありません。すべてが楽しくて、「仕事に行ってくるね」と妻にいったそばからスキップして家を出る、そんな毎日です。

もちろん楽しいだけではなく、多くの方から感謝されるとともに、少なからぬお金を受け取っています。でも、僕はもともとお金持ちだったわけではありません。親が資産家だったわけでもありません。

そんな僕が、なぜ、今ではこうしてお金に恵まれ、家族にも何不自由させることなく暮らせているのかというと、それこそ「人のご縁」のおかげなのです。

挙げだしたらキリがありませんが、なかでも際立っているのは1冊目の本の出版につながったご縁でした。

自分が本を出すなんて、まだ考えてもいなかったころのことです。

占いの先生から、「あなたの運勢は今、出会いの時期に入っているから、人と会いに行かなくちゃいけないよ。今より多くの収入を望むのなら、出会いが重要だからね」といわれました。

そこで先生が連れていってくれたのは、なぜか絵画教室でした。平日の昼間の絵画教室ですから、集まる女性はセレブのご婦人ばかりです。今、思うと、先生の隠れた意図は、そういうところにあったのかもしれません。

でも当時の僕は、先生の意図など知る由もありません。「なんで絵画教室なんだろう?」と思いながらも参加していると、自然と話題は先生と僕に向きました。

僕が占いの勉強をしているとわかると、ある参加者の女性が「じゃあ、何か話をして」といいます。突然のことでしたが、思うままに話をしたところ、みなさん、とてもおもしろがってくれました。

それればかりか、その女性からは、「あなたの話はおもしろいから、今度、私の仲間内の集まりで話してくれない?」とお願いされてしまいました。

当時の僕はまだまだ占いの勉強中の身であり、人前で話すという経験はほぼゼロでした。でも、せっかくのお話を断る理由はありません。後日、その女性が開いたホームパーティで、時間の許す限りお話しさせていただきました。

集まっていたのは7名の女性でしたが、結果として、ここでご好評いただいたことが、僕が講演家として活動する大きなきっかけとなりました。

というのも、その7名の方が方々で僕の話を出してくれて、興味をもった人たちから次々と講演依頼が舞い込むようになったのです。

とりわけ強いご縁となったのは、そのなかの1人の女性です。ホームパーティの後も個人的に相談に乗っていたのですが、あるときご主人を連れて来られました。

このご主人、仮にNさんとしますが、僕の第一印象は「この人とは仲よくなれそうにないな」――はっきりいって、ちょっと苦手なタイプでした。

僕を気に入ってくれたのか、「崔さん、釣りはする?」と聞かれたので「はあ、やりますけど……」と答えると、「じゃあ、僕は釣り船を持っているから、今度、一緒に行こう」とおっしゃいます。

「そうですね、いつかぜひ」と社交辞令のつもりで答えると、「うん、じゃあ今度の木曜日はどう?」です。

このときの僕は、どちらかというと断りたい気持ちのほうが強かったので、「すみません、今度の木曜日はちょっと……」と言い淀んでしまいました。すると「そう。じゃあ、次の木曜日は？」とさらに畳み掛けられました。

言い方は悪いのですが、僕は「これは逃げられないな」「まあ、一度くらいはいいか」と思いました。こうしてある平日、会社のスタッフも1人誘って、Nさんと一緒に釣りに行くことになったのです。

……という何とも失礼極まりない始まりでしたが、結論からいうと、Nさんとのご縁がなくては今の僕はありません。

◉「釣り」で結ばれ、強まったご縁

まず「この人とは仲よくなれそうにないな」という第一印象は、釣りの最中に起こった〝ある事件〟をきっかけに尊敬に変わりました。

Nさんは、何人もの社員を抱える企業経営者です。釣りの日も、船上から携帯電話で社員らしき人と話していました。そして「じゃあ、あとで連絡するから」と言って電話を切ると、ポンと船のヘリに携帯電話を置きました。

そこで事件が起こりました。

僕が連れて行ったスタッフが、Nさんの携帯電話に気づかずに船のヘリに腰掛け、あろうことかお尻で携帯電話を海に落としてしまったのです。

気づいた彼は、電話を拾うために海に飛び込もうとしましたが危険すぎます。慌てて止めると、振り返った彼の顔は、寒くもないのに真っ青でした。きっと僕も青ざめていたでしょう。二人して言葉もなく凍りついてしまいました。

その瞬間、Nさんはひと言「ごめんね」といったのです。

最初は聞き間違いかと思いましたが、その後に続いた言葉を聞いて、大げさでなく僕は胸が震えました。

「今日は、僕の誘いで釣りに来たっていうのに、仕事の電話なんかしているから、海の神様が怒ったんだね。悪かったね。よし、今日は徹底的に釣りを楽しもう」

時間は朝の10時くらいだったと思います。Nさんが先の電話で「あとで連絡するから」といったのを、僕はたしかに聞いていました。だとすると、せいぜい小一時間くらい釣りをして、遅くとも午後早めには帰るんだろうと思いました。

ところが、この予想は見事に外れました。

小一時間どころか、お昼を過ぎても、夕方を過ぎても釣りは続き、船が港に戻ったのは夜の11時くらいだったでしょうか。

この間、Nさんは仕事の話はおろか、周りから携帯電話を借りようともしませんでした。ひたすら釣り、釣り、釣り……です。

最初は渋々、Nさんの誘いに応じたことが嘘のように、そしてあんな事件があったことも嘘のように、僕たちは心から楽しませていただきました。

僕は考えました。自分の立場に置き換えたら、はたして携帯電話を海に落とされたという瞬間に「ごめんね」なんていえるだろうか。そしてその後、本当に仕事を気にせず、徹底的に釣りを楽しむことなんてできるだろうか、と。

何とか感情を押し殺して、大人な対応をすることはできても、自然と湧き出る本心からNさんのように振る舞うのは、とうてい無理だと思いました。こうして、この釣りの日を境に、僕のNさんに対する思いは絶大なる尊敬の念に変わったのです。

◉たった1人とのご縁が何百、何千もの人の円に

そのとき、僕の師がいっていたことが思い出されました。

「**ふた回り以上、年上の友人を持ちなさい。**その人が生きてきた経験を通して学ぶこ

とがたくさんあるから、自分の人生にとって重要なキーマンになるよ」

そのキーマンとは、まさにNさんのことなんじゃないかと思いました。それくらい、僕はNさんに魅せられ、尊敬の念を抱くようになったのです。以来、親しくさせていただき、釣りにも頻繁にご一緒させていただくようになりました。

そんなあるとき、いつものように並んで釣り糸を垂れていると、Nさんが「ところで崔さん、占いの本は書かないの？」とおっしゃいます。

「いえいえ、僕はまだまだ勉強中の身ですから、とんでもないです」

「ふーん……。じつは僕、東京の出版社に知り合いがいて、崔さんの講演会の音声をCDに焼いて送っちゃったんだよね。そうしたら、その出版社の役員と編集長さんが、来週、こちらに来るっていうんだけど、○月○日、空いてる？　崔さん、会ってみない？」

急な話に僕は面食らいましたが、この方が何かをいい出すときは、決まって突然なのです。

出版社の方が九州に来ることが決まっていて、その目的は、どうやら僕に会うことらしい。でも、すべての予定は、肝心の僕の予定が空いている確証もないまま、Nさんによって決められている……まったく、さすがとしかいいようがありません（笑）

ともあれ僕は、それが何を意味するのかもよくわからないまま、出版社の方とお会いすることになりました。

そして約束の日、出版社の方は午前中にいらっしゃいました。Nさんも同席されるなかで、いろいろと聞かれるままにお答えしているうちに、あっという間に夜になってしまいました。

そろそろ帰られるというので、僕が「あの、結局、これは何の話だったんでしょうか」と聞くと、出版社の方はお二人とも目をまん丸にして「え？　崔さんの本を出す打ち合わせのつもりだったのですが……」とおっしゃいます。

そこで僕はようやく、ことの全貌を理解しました。

「そうか、これは本の原稿の打ち合わせだったのか」

すべてはNさんのお膳立てで始まったことですが、そうとなれば一生懸命やろう。そう思って完成させたのが、1冊目の本です。

「会ってみない？」といわれるままお会いした出版社の方というのは、何を隠そう、本書の出版社でもある内外出版社の役員と編集長だったのです。

ちょっと長くなってしまいましたが、Nさんという方とのご縁が、こうして出版に結びつきました。

そして、地元九州で講演をしていた僕の周りのご縁は、本を読んでくれる全国の方々や、出版をきっかけに、東京でも開催することになった講演会に来てくださる方々にまで、いっそう広がっています。

Nさんという、たった1人の方とのご縁が、今、こんなに大きな「人の円」につながっているのです。そしてその**「人の円」が、もれなく「円というお金」も呼び込んでくれている**ということは、いうまでもありません。

◉「才能・ご縁・お金」の良循環が始まる

前に、「好き」こそが才能の始まりだとお伝えしました。

「好き」から始まった才能が開花すると、周りに人が集まってきます。お金は必ず人が運んでくるものですから、人が集まれば、お金も集まるようになります。

このように、自分の才能が開花すると「ご縁」がつながり、まわりに「人の円」が作られ、「円というお金」が呼び込まれます。そのなかで、家庭は円満になり、周囲の人たちとの関係も円滑になっていきます。

このサイクルは一回転したら終わりではありません。

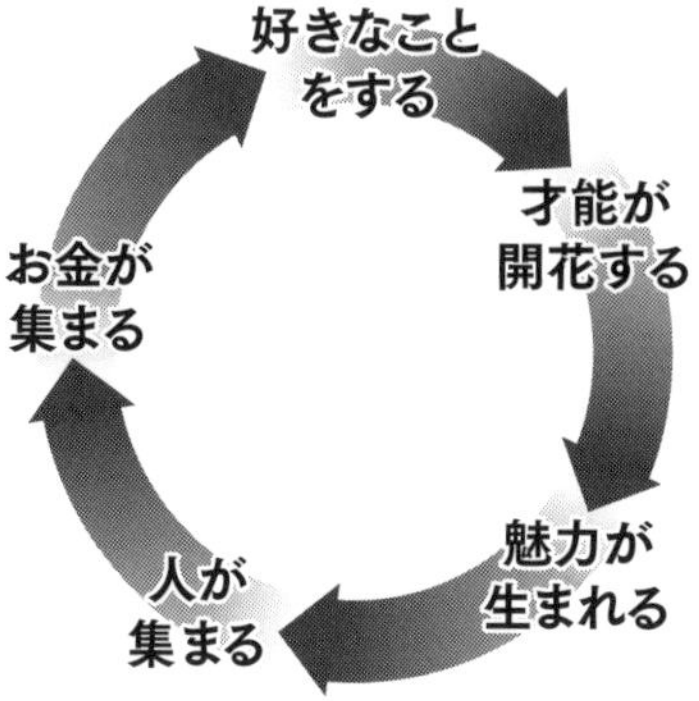

「好き」が才能の開花につながり、それがご縁、人の円、お金の円を引き寄せると、さらに好きなことができるようになり、さらに才能が発揮され、さらにご縁、人の円、お金の円が引き寄せられ……という良循環、つまり**「才能・ご縁・お金」が巡るという、もう1つの大きな「円」が生まれる**のです。

そう考えると、日本の通貨を「円」とした昔の人のセンスには、つくづくと驚かされます。「円」とは、人とのご縁の円、お金の円、円満と円滑の円、さらには、すべてを総合した良循環が生まれるという意味の円でもあるのです。

才能を見つけるヒント

- ふた回り以上、年上の友人をもとう
- 才能を使うと、「人のご縁」「お金の円」が引き寄せられる

「金持ち菌」に触れよう

人とのご縁は、さまざまな「円」を生みます。

では、人とのご縁のなかで自分の才能を使い、お金に恵まれていくには、どうしたらいいと思いますか。

じつは、手っ取り早い方法があるのです。

それは、**「金持ち菌」に触れること**です。

きっと「冗談でしょう?」と疑いつつ、「そんなものがあるのなら、ぜひ触れたい」と思ったでしょう。講演会などでも、このキーワードを出したとたん、「え、どういうこと?」と身を乗り出す方がほとんどです。

金持ち菌は本当にあります。

お金持ちたちの中に、一般的な収入の人を放り込んで、しっかりと食らいついてずっと付き合っていくと、周りに感化されてお金持ちになっていきます。それも長くはかかりません。2年や3年もあれば十分な場合がほとんどです。

◉サラリーマンから船長に転身した青年

僕が見てきたなかでも、金持ち菌に感染して、みごと成功したという出来事はたくさんあります。たとえば、ある若者は、僕が参加している釣り部に参加したことが人生の大きな転機になりました。

その釣り部のレギュラーメンバーは、大きな成功を収めている企業経営者の方々ばかりなのですが、そこに、まだ成功していない若い人を誘うことがあります。

釣り船を10人ほどで貸し切る場合、一人当たり1万5000円くらいの費用がかかります。収入によっては、ちょっと躊躇してしまう額かもしれません。

それに僕たちは、たいてい平日に船を出します。この点も一般的な勤め人にはハードルになるでしょう。

でも、まず、ここで思い切れるかどうか。丸一日、お金持ちと船の上で間近に過ごすというチャンスを生かすために、懐が寂しくても「なんとか工面します」、仕事のある平日でも「なんとか休みます」といえるかどうかが、最初の分かれ目になります。

あるとき僕が誘った会社員の若者は、このチャンスを見事にモノにして成功するという典型例になりました。

彼が釣り部に参加するようになって1か月、2か月、3か月と経っても、レギュラーメンバーの方々は、彼の名前すら覚えません。それでも彼は参加し続け、参加者たちの「あれ持ってきて」「これやっといて」という声にも甲斐甲斐しく応えていました。

正直、彼を誘った僕自身が「そもそも船の上ではみな平等だし、この人たちは彼の上司でもないのに……」と、少し心配になってしまったほどです。

ところが次第に大きな変化が起こっていきました。もともと釣りが上手だった彼の腕前を目の当たりにするにつれて、参加者たちが、彼を「師匠」と呼ぶようになったのです。

彼より何十歳も年上の企業経営者が「師匠、ちょっといいですか？　これはどうやったらいいでしょう？」なんてアドバイスを求め、彼が教えるという風景がしばしば見られるようになりました。

◉才能が開花し、ビジョンが広がる

そうして1年が経ったころ、釣り部で飲み会をしたときのことです。

「この1年、本当に楽しかったです！」という彼に「これからどうする？」と聞くと、「会社員を続けて、夜のバイトで小遣い稼ぎをすれば、参加費用は出せます。これからも参加したいです」といいます。

すると、それを聞いたメンバーの1人がいいました。

「師匠は来年から、私たちの船に乗らなくていい」

見渡すと、ほかのメンバーたちも「うん、うん」と頷いています。

僕はびっくりしました。あれほど「師匠、師匠」といって、彼が参加している釣り部を心から喜んでいたのは、あなたたちじゃないか……と。

ところが、みなさんの真意は彼の参加を拒むことではありませんでした。

「これはみんなで話し合って決めたことです。私たちが釣り船を買うので、ぜひ、その船であなた自身が遊漁船の事業を興して、私たちや釣りを愛する多くの人を、釣りに連れて行ってください」というのです。

これを聞いて、またびっくりです。

もちろん彼も突然の申し出に驚いていましたが、メンバーたちの本気の厚意を感じ取ったのでしょう、ほとんど二つ返事で申し出を受け入れました。

さて、その後、彼はどうなったでしょうか。

メンバーにプレゼントされた一隻の船から始めた遊漁船は瞬く間に大ヒットし、今では九州だけでなく、四国のほうにも事業展開しています。会社員時代の給料の何倍もの年収を得る経営者となったのです。

思えば、すべての始まりは、お金がなくても「なんとか工面します！」、平日でも「なんとか休みます！」と、彼が釣り部への参加を決めたことでした。

明確なビジョンはなかったけれど、**「このチャンスを生かすんだ」という向上心が彼の隠れた才能を開花させることにつながり、そこから自然とビジョンも開けていったのです。**

釣り部に参加したら釣りの才能が開花したという、わかりやすいパターンでしたが、これは彼に釣りの才能があったから起こったことではありません。

もちろん彼には釣りの才能がありましたが、それ以上に高いコミュニケーション能力がありました。

会社では営業部に所属し、つねにお客さんと接するなかで培われたのでしょう。釣り部を通じて、会社員としては開ききっていなかったコミュニケーションの才能が、一気に開花しました。そこから、釣り船をプレゼントされて遊漁船の事業を始めるというビジョンが開けました。

彼が遊漁船の事業で成功したのも、単に「釣りがしたい」ではなく、「あの船長の船で釣りがしたい」というリピーターが多く生まれたからです。

参加者全員の面倒をちゃんと見て、全員に楽しんでもらうという彼の人柄とコミュニケーション能力が、遊漁船事業を成功へと導いたのです。

というわけで、ここでお伝えしたいのは、**金持ち菌に触れていると、どんな才能でも自然と開花する場合が多い**ということです。向上心とともに、自分の武器が何かわかったうえで金持ち菌に触れれば、もちろん、さらに才能は開花しやすくなります。

だから、みなさんもチャンスがあったら、自分が「こんなふうになりたいな」と思うお金持ちに食らいついてください。

お金持ちが集まる会に誘われたり、「こんなことやってみない？」と提案されたりなど、**「これはチャンスかも」と思ったときには「ノー」といわない**ことです。

類は友を呼びます。お金のない人はお金のない人を呼び寄せますし、お金のある人はお金のある人を呼び寄せます。つまり、一人のお金持ちに食らいついているうちに、自然と別のお金持ちとつながることもできるということです。

そうやって自分をお金持ちの中に置くことで、まだ自分でも気づいていない才能、つまり元からある「人生の武器」が開花し、ビジョンが開けていく。これが、僕のいう金持ち菌の作用なのです。

◉金持ち菌を分けてもらうには

「金持ち菌」に触れようというと、よく、「そういわれても、どこに行ったらお金持ちと出会えるのかわからない」といわれます。たしかに、普段、お金持ちと縁がない人にとっては、まず直面する課題でしょう。

お金持ちと出会うには、「お金持ちがいるところ」に行くこと。それには、**お金持ちがもつような「趣味」を始めるというのがもっとも手っ取り早い方法**です。

先ほど触れた釣りや、ゴルフ、ヨット、スキューバーダイビングなどは、お金持ちの間でポピュラーな趣味です。

お金持ち的な趣味だけあって、どれも多少はお金が必要です。それでも、金持ち菌に触れるというメリットの大きさを考えれば、かける費用以上のリターンが見込める投資といっていいでしょう。

また、「いつ趣味をするか」というのも意外と重要です。なぜなら、会社の経営者などのお金持ちには、「平日に遊ぶ人」がとても多いからです。

そもそも会社経営者というのは、自分の才能が明確にわかっている人たちです。自分が何を武器として戦っているのかがわかっているから、人とのご縁をチャンスに変える力があります。こういう人たちにとっては、ゴルフだろうと釣りだろうと、遊びに出かけて人と出会うことも仕事のうちです。

だから、社内に閉じこもったりする人は稀であり、平日こそ、遊びと仕事の区別もなく積極的に出かけます。そして休日は、家族など大切な人と過ごすために使う。というわけで、平日のほうが、お金持ちと知り合う可能性は高くなるのです。

ただし、繰り返しになりますが、自分のほうに向上心がなくては、いくら金持ち菌に触れても才能は開花しません。

僕が参加している釣り部でも、向上心がない人は「お金がかかるから」「時間が取れないから」といった理由で、すぐにやめてしまいます。

そこで金銭的、時間的な負担を可能な限り背負ってでも、お金持ちの近くで時間を過ごしたいと思えるかどうか。

そういう向上心がある人ならば、先ほどの遊漁船の彼のように、金持ち菌にみごと感染し、大きく成功するチャンスをつかむことができるのです。

あるいは、もし学校の同級生が起業して成功しているなど、身近に成功者がいる場合には、その人に頼んで成功者の集まりに参加させてもらうというのも1つの方法でしょう。この場合も、もちろん向上心は欠かせません。

もちろん、「成功者を紹介してほしい」「集まることがあったら誘ってほしい」というだけでは、相手は訝しがるだけです。

必要なのは、やはり向上心、ビジョンです。

「将来、こういうことをしたい」といった夢や理想、ビジョンを語る人は、「じゃあ、一つ力になってやろうか」と思わせるような前向きなエネルギーを帯びます。人を惹きつけ、味方につけてしまう引力は、自分の内側から湧き出るものなのです。

一方、怒りや悲しみなど、ネガティブな思考や感情が先行している人がもっているのは、引力ではなく「渦《うず》」です。

暗い渦潮のように周りの人を否応なく巻き込んで、一緒に不幸せになってしまう危険が高くなります。

人を引き寄せるのは引力、人を巻き込むのは渦です。これから才能を開花させていくためには、向上心をもって、渦ではなく引力のほうを高めていってください。自分は10年後にどうなっていたいのか。最初に決めたゴール、描いたビジョンが、人を引き寄せる向上心のベースとなります。

才能を見つけるヒント

- 「金持ち菌」に触れると才能が開花する
- お金持ちが集まる場に行ってみよう
- 人のご縁を引き寄せるのはビジョンと向上心

「転職したい」となったら考えるべきこと

今まで、いかに自分の才能を見つけるかという話をしてきましたが、僕は、才能を見つけて、今すぐ独立することをすすめたいわけではありません。

むしろ、将来的に起業したいと思っているのなら、まずは徹底的に会社員をやってみること。会社員の大変さや偉大さを味わわずして、優れた経営者になることはできないからです。

昔と違って今は、新卒から定年まで1つの会社で勤め上げるというのが、普通ではなくなっています。

会社員ならば、おそらく誰もが転職を考えたことがあるのではないでしょうか。

今の環境が苦しいのなら、たしかに転職も1つの選択肢です。ただ、転職後にうまくいくか、また似たような状況に置かれてしまうかは自分次第です。ひと言でいえば、

「逃げの転職」か「攻めの転職」かで将来が分かれるといっていいでしょう。

◉克服しなかった課題は追いかけてくる

たとえば、「もっと自分のやりたいことができる企業が見つかった」「別にやりたいことが見つかった」などは、「攻めの転職」です。こうした理由ならば、新天地で花開く可能性は大きいでしょう。

では、「逃げの転職」とはどんなものでしょうか。

まず、転職の理由の多くは「職場の人間関係の悩み」です。上司とソリが合わない、同僚たちとうまくいかない、部下がいうことを聞いてくれない、だから転職したい、という人が多いのです。

人間関係に悩んで転職したい。その気持ちを否定するわけではありませんが、少し立ち止まって考えてほしいと思います。

なぜなら、**「とにかく今の人間関係から逃れたい」という気持ちで転職すると、まるで運命に追いかけられるようにして、また似たような状況に置かれる場合が多い**からです。たとえば「上司とソリが合わないから転職した」という人は、次の職場でも、ソリの合わない上司に当たってしまう、というわけです。

これは単に運が悪いのではなく、自分自身に、そういう状況を呼び込んでしまう要因があると考えたほうがいいでしょう。それを自分の課題として捉え、克服すれば、その後どこへ行っても、同じ状況に陥る可能性は限りなく低くなります。

◉「理解」すると「恐れ」は消える

では、どう克服したらいいかというと、方法は2つです。

1つは、**相手を理解すること。**

よくお話しすることなのですが、恐怖心の正体は「無理解」です。

たとえば、「犬が尻尾を振るのは喜んでいるサイン」と知らない人が、尻尾を振っている犬に飛びかかられたら恐怖を感じるでしょう。

ソリの合わない上司も、似たようなものです。あなたにしてみれば「攻撃的」と映る上司の言動が、いったいどこからくるのか。**相手を理解しようと努めることで、恐怖心が消えてしまうことも多い**のです。

僕のお客さんにも、上司が嫌だから辞めたいといってきた女性がいました。

その人がいる部署は、上司が変わった途端に雰囲気が悪化してしまったそうです。というのも新しい上司がいつも険しい顔をして、周囲を睨みつけているというのです。そのせいで「辞めたい」といいだす同僚も続出し、その相談者自身も退職を考えているところでした。

「そうですか。でもその前に、上司に理由を聞いてみたらどうですか。『あなたがいつも険しい顔をして周囲を睨みつけているから、みんな辞めたいっていっています。どうしてあなたはいつもそうなんですか』と。辞めてもいいと思いますけど、何もいわずに、ただ『上司が嫌だから』というだけでは、単なる逃げになってしまいますよ」

僕はこうアドバイスしました。「わかりました」といって帰った彼女は、さっそく行動に移したようで、後日、こんな報告をしてくれました。

その上司には、じつは難病指定の病気にかかっているお子さんがいて、仕事中もいつも心配でたまらなかった。そのために険しい顔で周囲を睨みつけることになってしまっていたようなのです。

偶然にも、その相談者の女性は以前、看護師をしていました。上司のお子さんの難病に詳しい専門家にもツテがあったので、さっそく紹介したといいます。

ともあれ、上司が抱える事情を理解したことで、かつて抱いていた恐怖心は消えてなくなりました。それどころか、その上司の紹介で出会った人と結婚するというサプライズまで飛び出しました。

僕はつねづね**「嫌いな人との出会いは、神様がくれたパス」**とお伝えしています。

この相談者にとっても、上司との出会いは、まさに結婚へと結びつくパスでした。嫌だからといって逃げずに上司と向き合い、理解したことでチャンスが訪れたのです。

理解するというのは、決してへりくだって従うということではありません。

たとえ上司と部下の間柄であっても、人間対人間としてコミュニケーションをとり、相手のことをわかろうとすると、意外と「なんだ、そうだったんだ」で解決してしまうことも多いのです。

◉理不尽な上司は「ゴリラ」と思えばいい？

そしてもう1つの方法は、**「この人とは価値観が違うんだ」と割り切ること。**

ずっと昔の話になりますが、ある常連のお客さんが一人の経営者を連れて、東京からはるばる北九州まで来たことがありました。

そのお客さんいわく「ぜひ引き合わせたい」とのことだったのですが、当の経営者は仏頂面です。

それどころか、「すごい人がいるって聞いて付いてきたけど、この人はダメだね」と、いきなり僕の事業に文句をつけ、さらには、僕の立ち居振る舞いから、僕の育ちや親の躾などを勝手に邪推しはじめました。

ひととおり僕を否定したかと思ったら、今度は、自分がどれほど邪魔者を排除して今の地位を築き上げてきたかという自慢話です。「君は『素敵』の意味がわかるか」と聞かれたので、「わかりません」というと、「素敵っていうのは、素手で敵を倒せる力のことだ。だから俺は素敵なんだ」といいます。

ここで僕は頭に来て、彼と喧嘩になったと思いましたか？

いいえ、まったく違います。僕は「こういう人もいるんだなあ」と思って、ただ聞き流していました。彼の話は、およそ50分間にも及びましたが、最後「俺は最強だ」「何かいい返すことはあるか」という彼に、僕はこういいました。

「いい返すことは何もありません。たとえば、あなたは檻のなかで興奮しているゴリラに対抗しますか？　しないでしょう？」

「何をいっているんだ」という彼に、僕はさらにいいました。

「ゴリラ相手に対抗しない。それが僕にとってのあなたなんです。あなたは『素敵』で『最強』というのは、よくわかりました。でも僕には、そもそも敵がいないから倒す必要がない。『無敵』で『最高』の生き方をしているんで、あなたとは根本的に立ち位置が全然違うんですよ。だからいい返すことはないんです」

僕と彼とではまったく立ち位置が違う。だから話にならないし、意見を戦わせる意味もない。最初にこのように割り切ってしまったから、腹も立たなかったのです。

たとえば、いつも理不尽なことをいってくる上司がいたとします。

将来、その上司のような人物になりたいのであれば、理不尽でも必死に食らいついて、学ぶのもいいでしょう。でも、**「こうはなりたくない」と思うのなら、相手と自分とでは元から見ている世界、仕事に対する立ち位置が違うということ**です。

違うのだから、折り合わなくて当然でしょう。

そう考えれば、無用に傷つくことはありません。これが割り切るということです。

すでにお気づきかもしれませんが、ここでもビジョンの有無が問われます。5年後、10年後に、その人のようになりたいかどうかで、自分の対応も変わってくるからです。

「この人のようになりたい」というビジョンであれば、その相手のいうことは自分にとっては金言となりえます。でも、「この人のようになりたくない」というビジョンだと、その相手のいうことは、割り切りの対象になるというわけです。

◉不平不満を抱えないように自分を整える

また、「生きがいや、やりがいよりも、家族を養うことが自分の喜びだから」「10年後には、こういう車を買いたいから」「家のローンを組みたいから」という割り切り方もあるでしょう。これも1つの克服法といえますが、**割り切ったからには、不平不満をこぼすのは禁物**です。

僕の先生も、よく「酒の飲み方が汚い人（酒の勢いに任せて不平不満をぶちまける人）は絶対に出世しない」といっていました。

不平不満や悪口は、単なるストレスの発散です。酒の席でクダを巻く人は、自分が置かれている状況と向き合っていないということです。そんな中途半端な状態で、今いる場所で成功していけるわけがないのです。

人間関係を苦にした転職が悪いとはいいません。

ただ、そういう「逃げの転職」は、往々にして、ふたたび似たような状況を招いてしまう。この点には、ぜひ注意していただきたいと思います。

うまくいかない相手を理解するか、割り切るか。どちらかによって課題を克服したうえで、やはり転職するという道もあるでしょうし、克服した時点で転職という選択肢が消える場合もあるでしょう。

いずれにせよ、理不尽と思える状況は自分に与えられた課題です。不平不満を抱えたまま今の状況にいつづけないよう、自分を整えていくことが肝心です。

才能を見つけるヒント

- 「うまくいかないから辞めたい」のなら、思いとどまったほうがいい
- 嫌いな人との出会いは、「神様がくれたパス」
- 苦手意識、恐怖心の元は、ただの無理解でしかない
- 価値観が違う人は「割り切る」こと
- 割り切ったら、不平・不満は禁物

父親をバカにする人は成功しない

以前、あるお客さんが、息子さんと一緒に来たときのことです。

自分の将来の話に及ぶと、その息子さんは、こんなふうに言いました。

「僕はお父さんみたいになりたくない。つまらない会社員で、月曜日から金曜日まで働いたら土日はぐーたら。それを30年も続けているけど、あくせく働いている割に給料は低そう。僕はそうならずに、絶対にお金持ちになるんだ」

この言葉を聞いたお母さんは、「よくいった」と喝采せんばかりの態度です。

さて、あなたは、どう思いましたか?

「絶対にお金持ちになるんだ」という言葉は向上心の表れでしょうか。それを賞賛するお母さんは息子のよき理解者であり、サポーターなのでしょうか。

いいえ、とんでもない話です。

この母子は、2人して父親を軽蔑するという大きな間違いを犯していたのです。

◉どんな背中でも「父親の背中」は尊い

僕は、この息子さんにいいました。

「あくせく働いて30年。そうやって家族を支えてきたお父さんを笑っている君が、お金持ちになることはないよ」

今まで必死で働いて家族を支えてきた人を、当の家族が軽蔑していい理由はどこにもありません。毎日コツコツ30年も働き続ける。これはすごいことです。そういう**会社員を見下している限り、成功を手にすることなどできない**のです。

自己肯定感は、成功の必須条件ですが、父親を軽蔑している人は、自分の存在に対する根源的な肯定感が欠落しています。

なぜなら「自分はお父さんとお母さんの子である」という事実は、天地がひっくり返っても変わらないからです。つまり自分の半分はお父さんでできており、**お父さんを軽蔑することは、自分自身を軽蔑することと同じ**というわけです。

◉優秀な経営者になる条件

そしてもう1つ、この母子は重要なことを見落としていました。それは会社員がいかにすごいか、ということです。

僕は北九州で会社を興す前、東京の商社で働いていた時期がありました。

当時は、毎日、つらくて仕方がありませんでした。直属の上司が、なぜか僕にだけ厳しかったのです。

たとえば朝、出社すると英字新聞の「ニューヨークタイムズ」をポンと放り投げられて、「今日の経済記事を、ぜんぶ訳して俺に説明して。ほかにもたくさん仕事があるから15分で」と指示されます。僕は、もともと英語や経済学がわかるといって配属されたわけではなく、まったくわからないといったのに、なぜか配属されてしまった身です。いきなり英字新聞を読めといわれても、無理でした。

それでも上司命令なので取り掛かり、わからない単語を辞書で調べたりしていると、「15分っていっただろ！　もう何分経ったと思ってるんだ！」と怒鳴られます。

終始このような感じで、四六時中、無理難題を突きつけられては怒られる、ということの繰り返し。正直、地獄のような日々でした。

僕が多額の借金を抱えることになったのは、ちょうど商社に入って1年ほどが経ったころのことです。

その時点で、僕には選択肢が3つありました。1つめは会社員を続け、わずかずつでも返済していくこと、2つめは自分で事業を興して返済していくこと、そして3つめは、会社員を辞め、かといって借金は背負わず、自分の進みたい道に進むこと。

そのうち、僕は2つめの選択肢、自分で事業を興して借金を返済することを選びました。

ただ、辞表を提出してからも、まだ迷いはありました。当時の僕は26歳。「アメリカに留学して英語と経済を学べば、もっと仕事ができるようになるかも……」という考えもなかったわけではありません。

そんな僕に、会社の社長から「社長室に来るように」との呼び出しがかかります。

「どうして、もう辞めるだけの僕が呼び出されるんだろう」と思いながら行くと、社長室には社長と人事部長がいました。

「崔くん、辞めるんだってね。会社員生活はどうだった?」

社長から聞かれ、僕が「日本経済の中心である東京で働けて、いい経験になりました」と答えると、瞬時に「そんなの嘘だろ？　本当はどうだった？」と返されてしまいました。

図星でした。そこで正直に「本当は地獄でした」と答えると、今度は社長と人事部長が顔を見合わせてクスクスと笑っています。

「そりゃそうだろうね。だって君は会社員に向いていないもの。君はいずれ自分で商売をする人間。僕にはそれが最初からわかっていたから、あえて会社員を究極的に経験させてやろうと思って、君の直属の上司の◯◯くんには、崔くんには特に厳しくするようにって指示していたんだよ」

これには驚きました。ほかの部下に対しては温和だった上司が、僕にだけは、やたらと厳しかったのは、なんと社長命令だったのです。まず人事部長が僕の性質を見抜き、社長と相談のうえで、僕の採用を決めたこともわかりました。

ただ、そのカラクリは明らかになっても、僕は、なぜ自分が「特に厳しく」という目にあわされたのか理解できませんでした。

それを察してか、社長は、こう言葉を続けました。

「日本を支えているのは、会社員たちだ。だから商売を始める覚悟を固めるためにも、会社員のすごさを心底、知っておかなくちゃいけない。会社員を中途半端にやった人が商売を始めると、ちょっとうまくいかないことがあるたびに『会社員は気楽でいいよな』『会社員に戻ろうかな』っていうよ。でも会社員を徹底的に経験すれば、もう何があってもそんなことは考えないだろう。**会社員の大変さやすごさを知らずに、優れた経営者になることはできない。**だから、いずれ商売を始めるであろう君には、会社員というものを、徹底的に経験してもらいたかったんだ」

こんな経験をした僕ですから、会社員の大変さもすごさも、よくわかっています。毎日会社に行き、上司の指示に従い、仕事相手には頭を下げ、そうやって家族を支えている。僕のところにきた母子は、こういう会社員のすごさをまったく理解していませんでした。

「会社員の大変さやすごさを知らずに、優れた経営者になることはできない」

この言葉のとおり、そんな尊い存在である父親をバカにしている限り才能が開花するはずがないし、よしんば起業したとしても、うまくいくはずがないのです。

会社員は、ときには歯を食いしばりながら日本経済を支えています。それに引き換え、経営者とは、誤解を恐れずにいえば、誰にも指示されず好き勝手に生きたい、わがままな人間です。優等生か不良かといったら、間違いなく不良でしょうね。

その立場に憧れる人も多いかもしれませんが、まず会社員として輝けない人は、経営者としても輝けません。会社員としての経験が、経営者となったときに大きく生きるのです。

会社員だけでなく、アルバイトも同様です。学生時代のアルバイトで優秀だった人は、社会に出てからも優秀です。僕が経営しているカラオケ店でも、「バイトだから」といって仕事を甘く見ず、真剣に働いている子たちほど夢を叶え、大成しています。どのような立場でも、そのときどきに自分が置かれた場所で輝けるかどうか。輝けるよう、真剣に目の前のことと向き合えるかどうか。

要するに、そこが重要なのです。成功したいのなら、「しょせん会社員」「しょせんバイト」という思考を、まず捨てる必要があるといっていいでしょう。

才能を見つけるヒント

- 「会社員のすごさ」を理解する
- 「置かれた場所」で輝ける人は大成する

「何度でも立ち直れる」のも才能の力

今まで数々の人生を見てきたなかで、1つ確信していることがあります。

それは、自分の才能が何であるかをわかっている人は、たとえ、時の運に恵まれずに失敗しても、思わぬ逆境に立たされても、**自分の才能でもって何度でも立ち直れる**ということです。

これは、たとえば宝くじや仮想通貨などで、降って湧いたように大金を手にした人が、一度転落すると二度と立ち直れないのと大きく違う点です。

◉5000万円を失っても笑える強さ

一例を挙げると、僕が顧問を務めている、ある会社経営者の方です。

その人の顧問になる前、出会ったばかりのころに「今は運の停滞期なので、新しいことを始めるのは控えたほうがいいですね」と僕が伝えたにもかかわらず、その人は、ある企業への投資をすすめられて、その話に乗ってしまいました。

今、思うと、開運アドバイザーとしての僕の力量を試していたのかもしれません。ともあれ、案の定というべきか、その投資は失敗し、5000万円も失ってしまいました。

普通だったら、「もうおしまいだ」と絶望しても不思議ではない損失額です。ところがその方は、「いや～、崔さんのいったとおり、やっぱりダメだったわ!」と笑っているのです。

やけっぱちだったわけでも、カラ元気だったわけでもありません。この人には、「自分には、こういう才能があって、それでお金儲けができる」という確固たる自信があった。いってしまえば、5000万円を失ったところで、すぐにそれを補ってあまりある額を得られると確信していたから、絶望する理由がなかったのです。

その証に、この方は運の停滞期を過ぎて上昇期に入ったころに、また新たな事業を始め、今度は大きく成功しました。

◉才能という土台のない金儲けは危うい

みなさんがよく知っている方にも、同様の強さを持っている人がいます。

たとえば「ホリエモン」こと堀江貴文氏などもそうでしょう。実刑判決を受け、いわば社会的な死を味わったにもかかわらず、出所後にはみごとに復活し、前にも増して多くの人に影響を与える人物になっています。

もう一例を挙げると、与沢翼氏です。かつて「秒速で1億稼ぐ」と豪語して時の人になったかと思ったら、あっという間に全財産を失ってしまいました。誰もが再起不能と思ったはずですが、その後、シンガポール、ドバイへと移り住み、今では億万長者として返り咲いています。

堀江氏も与沢氏も、なぜ「すべてを失った」に等しい状況から立ち直れたのでしょうか。ひと言でいえば、それぞれに、大きな成功を呼び寄せるだけの才能があったからです。

今、目の前に、多額の借金を抱えている人がいたとしましょう。でも、その人が自分の才能が何であるかがわかっていれば、無借金で年収500万円の人よりも、はるかに可能性に満ちているといえるのです。

宝くじは、一度当たって、使い切ってしまえばおしまいです。仮想通貨で多額のお金を手にしても、一度失敗したらそれまでです。でも、才能がわかっていれば、たとえ転んでも、何度でも立ち上がれる。これも才能の力というわけです。

お金がほしいと思っていると、手っ取り早くお金が稼げる方法に目が眩んでしまうこともあるでしょう。

でも、中身の詰まっていないガラス玉が壊れやすく、一度壊れたら元通りにならないように、**才能を見出すというプロセスを欠いた金稼ぎは危うい**ものです。

だから、今ここで自分をしっかり見つめて、才能という土台をしっかり築く一歩を踏み出してください。回り道に思えても、それこそが、今後の人生、ずっとお金に恵まれていくもっとも確かな方法です。

◉「続けること」の価値

自分の才能はどこにあるのか。

自分が好きなことや、できなくて悔しいこと、憧れを感じるものはなんだろうか。

こんなふうに自分と向き合って、もし今後、何かやりたいことが見つかったら、たとえ周囲に笑われても、ぜひ続けてください。

僕も占いを始めたころは、友人から笑われました。

ある年の同窓会でも、「借金を抱えたお前は事故物件だな」「行き場を失った挙句に、占いに走ったんだろう」「霊感が強いのか？」「守護霊とか見える？」「水晶玉とか使うわけ？」などと口々に揶揄されたので、いたたまれなくなって、その場を去りました。

僕が、自分のカラオケ店で占いを始めたのは、大手カラオケ店との差別化のためでした。何とか集客を上げたいと思って努力していることを、なぜ人から笑われなくてはいけないのかと腹立たしかったのです。

すると、唯一、笑っていなかった友人が追いかけてきて、僕にこういいました。

「人から笑われてやめたら、ずっと笑われる。だから、笑われなくなるまで続けろよ」

そのとおりだと思いました。

そして10年後、僕が占いを通して少なからぬお金を受け取るようになると、あのときに僕を笑った友人たちが、こぞってアドバイスを求め、僕の元を訪れるようになりました。

なかには「お前はいいよな。うるさい上司もいないし営業ノルマもない、それなのに、こんなに成功して」と羨むようなことをいう同級生もいました。

その彼に、僕はいいました。

「お前は、かつて俺を『事故物件だな』って笑ったよな。じゃあ今、俺を羨んでいるお前は、この10年間で何をしてきたんだ？　10年といったら、大学を2回卒業して、大学院まで卒業できる年数だ。それだけの年月があれば、できないことなんてないはずだよ。今、『お前はいいよな』っていうんだったら、今から10年後のビジョンをもって生きてみろよ。そうでなければ10年後のお前も、今のお前と同じように、俺に向かって『お前はいいよな』っていうだろうね」

その後、彼がどうしたかは知る由もありません。

ただ、僕がここで伝えたいのは、**たとえ周囲から笑われても否定されても、自分が「やりたい」と思ったことは自分の才能であり、続ける価値がある**ということです。

あなたは10年後、誰かを羨んだり妬んだりして生きたいですか。

おそらく、そうしたいという人はいないでしょう。ならば、誰かを羨んだり妬んだりしなくて済むよう、これからの10年を過ごすこと。それには、やりたいことは続けるという、我が道を行く強さも必要なのです。

才能を見つけるヒント

- 才能という土台があれば、失敗しても立ち直れる
- 続けることで、才能は「何度でも立ち直れる力」に進化する

2章

進化させる――
才能、ご縁、
お金の良循環を作る

まず、1つのことを極める

才能は、1つ見つけたら、それでおしまいではありません。むしろ1つ見つかったら、それを軸としてどんどん増えていくというのが、才能の性質です。

自分さえその気になれば、年齢の数だけ、才能は増えていきます。

ですから、才能を見つけ、才能を使ってお金を得られるようになっても、そこで満足せずに、どんどん才能を増やしていってほしいと思います。これが、才能を進化させるということです。

といっても、「あれも、これも」と脈絡もなく複数のことに手を出すということではありません。1つ「軸」となる才能があって、そこからもう1つ、また1つという具合に才能が増えていくと考えてください。**まず1つ軸を定めること、その1つを極めることで、自然と広がっていくのが才能というもの**なのです。

◉才能という「穴」を掘っていく

以前、ある年配の経営者の方からこんなことをいわれたことがあります。

「先生の話は深くていいね。どうやったら、そういう人間になれるんだ？」

そんなふうにいってもらえて、僕は嬉しく思いながら、こう返しました。

「でも社長、あなたも深い『穴』をお持ちですよ」

「穴」という漢字は、人の後ろ姿を表しています。たしかに、「宀」を頭と肩、「八」を肩甲骨とすると人の背中に見えますよね。

そして人の背中には、その人のすべてが現れます。そのことから、僕は、その人の心からにじみ出る魅力を「穴」と呼んでいます。

「あなたも深い『穴』をお持ちですよ」というのは、「あなたにも相当な魅力がありますよ」という意味だったわけです。

人は才能をもって人を惹きつけるため、もちろん才能も魅力の1つです。

才能を武器として生きていくには、深い穴を掘ってください。あちこちに手を出すのではなく、まず1つの穴を深く深く掘っていくことです。

好きなことを1つ試してみて、ちょっとうまくいかなくなったらまったく別のことを試して、それもちょっとうまくいかなくなったら、また別のものを試して、という具合に掘り散らかしていては、何ひとつ才能として開花しないでしょう。

でも1つのことを掘り下げると、あなたには才能という深い「穴」が出来上がります。すると、その穴にハマる人も現れるでしょう。**より深い穴を掘り、より多くの人がその穴にハマる状況こそが、自分の才能が開花し、人とお金を呼んでくるという状況**なのです。

これは一朝一夕でできることではありません。時には壁にぶつかることもあるでしょう。それでもなお、穴を掘り続けるには、ビジョンが重要です。その1つのことをずっと続けて、10年後にはどうなっていたいか。そういう「ビジョン」をもつことで、軸となる才能を極めていくことができます。

◉60歳で起業、3年で年商3億円になった女性

たとえば、看護大学を卒業して大学病院に就職すると、初任給は平均で30万円ほどです。ものすごく高い額ではありませんが、大卒会社員の平均初任給よりは、かなり

いいほうです。

これだけ聞いたら、何気なく高校や大学を卒業して就職したり、アルバイト生活になったりしている人たちは、「いいな〜」と羨むでしょう。

でも、大学病院に就職して初任給30万円を得るまでには、看護学校に通い始め、卒業後に何年も研修を積み……というプロセスがあります。

何事においても同じです。お金を得られるまでに才能を磨き上げるには、相応の経験や努力を積み重ねることが不可欠。そして**経験や努力を積み重ねる原動力となるのが、ビジョン**というわけです。

僕のお客さんにも、ビジョンをもって才能を開花させた人はたくさんいます。

それだけで1冊の本ができるのではないかと思うくらいですが、一例を挙げると、60才で起業し、たった3年で年商3億円になった女性がいます。

この女性は37年間、専業主婦でしたが、その間、主婦の視点から「こういうものがあったらいいな」というアイデアを温めていました。そしてお子さんが独立し、結婚したタイミングで一念発起して、便利グッズの発明と特許取得事業を興しました。

それから、たったの3年で年商3億円です。

結果だけ見れば「運がよかっただけ」で片付けられるか、「最初から飛び抜けた商才があった」と特別視されそうですが、どちらも違います。これは37年間もの積み重ねがあったからこそ成し得たことなのです。

このように、才能が永続的にお金をもたらすという状況は一朝一夕には作れません。**10年後のビジョンとは、1つの才能を見つけ、磨き、使っていく道しるべ**のようなものといっていいでしょう。

そのなかで、いずれ派生的に別の才能も開花していく。まずビジョンをもって、1つのことを極めることが重要なのです。

才能を見つけるヒント

- 才能は1本の軸から広がっていく
- ビジョンをもとに1つのことを極めてみよう

「マンネリ化」を解決するには？

自分の才能を使って誰かの役に立ち、お金を儲けるというのは、とても素晴らしいことです。最初は、うれしくて楽しくてたまらない状況が続くでしょう。でも、あるとき、ふと「マンネリ化」を感じてしまう、そんな壁にぶつかる人も多いようです。

経済的にどうかといえば、何不自由なく満たされている。10年後を考えてみても、同じ仕事を続けていくのはまったく悪くないと思える。それでもなんだかモヤモヤして、「このままでいいのだろうか」という例の内なる声が聞こえてくるのです。

僕のお客さんにも、「会社を興して成功している。家族もいる。どうやら私は今世のノルマは果たしてしまったみたいなので、先生、来世の私のノルマを教えてくださいい」なんて聞いてくる人がいます。

会社経営者のように、ある程度の年齢で、一定の成功を収めた人に限った話ではありません。「半悟り状態」とでも呼んだらいいのか、「しょせん自分はこんなもの」とタカを括って、早くも向上心を失っている若い人も多いのです。

いずれにせよ、代わり映えしない毎日を漫然と生きているだけで、仕事はおろか、人生そのものがマンネリに陥っているわけです。

◉「五感の刺激」、ふたたび

そういう人が相談に来たら、僕は師匠の教えを伝えるようにしています。

「毎年、何か新しいことを始めることを意識しなさい」

師匠は僕に、こう教えてくれました。

「新しいこと」は、仕事に関するものでも、仕事とは無関係のものでもかまいません。何かしら自分の新しい風を吹き込むことが重要です。

ここで1章の話を思い出した人もいるかもしれません。そうなのです。1章でお伝えした**「五感の刺激」は、才能を見つける段階のみならず、才能を進化させる段階でも、ものすごい効力を発揮する**ことがあるのです。

たとえば、ある会社経営者の方は、社内の淀んだ雰囲気に悩んでいました。事業は成功していましたが、社員全体に仕事に飽いている雰囲気が蔓延しており、覇気が感じられない。つまりは典型的なマンネリ状態です。

そこで「何か新しいことを」という僕のアドバイスを受け、この経営者の方は「公園を歩きながら会議をすること」を思いつきました。これが大成功で、のちに大きな成果につながる新たな事業アイデアが公園で生まれたそうです。

もとより、歩くと血液循環がよくなり、頭の回転がよくなるといわれています。ギリシャの哲学者は、歩きながら弟子と話したといいますよね。座っている人と歩いている人とでオセロを対戦させたところ、歩いている人のほうが圧倒的に強かったという実験結果もあります。

そういう生理的な作用も働いたとは思いますが、「会議は公園でする」という新しい試みが社員の五感を刺激し、創造性や発想力が高まったのだと思います。

1つのことを極めるのはいいのですが、それだけに没頭しすぎると視野狭窄に陥り、「なんか、いつも同じことをしているな」と感じるようになってしまいます。こうしたマンネリ化を防ぐには、新しいことに触れて五感を刺激することが効果的なのです。

僕も、占いに没頭しているときほど、行き詰まりを感じることが多い気がします。そこで「もういいや、釣りにでも行こう」と少し占いから離れ、釣り糸を垂れているときに、「そういうことか！」という大きな気づきが訪れたりします。

まったく無関係のことをしている最中に、いいアイデアを思いついたり、突破口が見つかったりする。あるいは思ってもみない出会いが、現状を打破するきっかけを与えてくれることもあります。

いわれてみれば、みなさんにも思い当たる節はないでしょうか。

毎年、新しいことを始めるというのは、マンネリ化を防ぐことで、今いる場所より広い視野から才能を進化させるチャンスにつながるのです。

◉成長の実感が、成長の連鎖を生む

そしてもう1つ。「毎年、何か新しいことをする」という師匠の教えの延長線として、僕がつねに意識しているのは、**「去年と比べて、自分はどれくらい成長しただろうか」**と考えながら仕事をすることです。

同じ仕事を続けていれば、当然、経験は積み重なっていきます。過去の経験は必ず目の前のお客さんに生かされますが、そのうえで、何かしら「去年の自分にはなかった観点や知識」からアドバイスできているだろうかと意識しているのです。

たとえば、「結婚したい」という相談には、まず「どんどん行動を起こす」「自分が輝ける趣味をもつ」などとアドバイスしていました。それは今も同様なのですが、過去と違うのは、別のアドバイスの引き出しもある点です。

行動を起こし、趣味で輝き、こうしてどんなに自分で努力しても、いい出会いに恵まれない人がいます。「どうしてだろう」と考えてみると、運勢の上昇期と低迷期が関係していることが思い当たります。

そこで運勢の観点からアドバイスすると、とたんにうまくいく人もいれば、やっぱりうまくいかない人もいる。また「どうしてだろう」と考えてみると、今度は家相学的に、出会いに恵まれない方角にいることが影響していると思い当たります。

そこで新たに家相学も踏まえてアドバイスすると、とたんにうまくいく人もいれば、それでもやっぱりうまくいかない人がいます。引越しできないなどの事情で、アドバイスを生かせない人も少なくありません。

「ならばどうしたらいいか」と考えてみると、自分が生まれもった星の「吉方位」に行って運気を上げるという方位学に行き着きます。現に、方位学は僕がもっとも得意とする占い分野の1つになっています。

このように、いろいろな観点から人を見られるようになったことで、ようやく、たいていのお客さんの期待には応えられるようになってきたと感じています。

当然ながら、まだ完全ではありません。おそらく完全になることはないと思っています。なぜなら、人の悩みは尽きることがないからです。

人の悩みが尽きない以上、僕は、またさらに開運アドバイザーとして成長しなくてはいけません。僕を育ててくれているのは、まさにお客さんたちなのです。

自分が何かしら成長できたと実感すると、人はいっそう向上心をもつものです。**成長の実感が、さらなる成長の連鎖を生む。これがまた1つ、才能が進化するきっかけになる**ことはいうまでもありません。

まずは先ほどいったように、毎年、何か新しいことを始める。そして、去年と比べて自分はどれだけ成長しただろうかと、自分を客観視する目をもってください。これで、マンネリ化には陥ることなく、ぐんぐん才能を進化させていけるはずです。

才能を見つけるヒント

- マンネリを感じたら五感を刺激してみよう
- 毎年、新しいことを始めてみよう
- 「去年からどれくらい成長したか」を意識してみよう。その成長こそが才能
- 一年で増えた才能の分、お金も増えてくる
- だから、何かひとつでもいい、コツコツと成長を積み上げていこう

お金は、自分が人に与える「三感」の対価

自分の才能を見つけ、才能を使ってお金を得られるようになってきた。この段階に入ったら、ぜひ意識して欲しいことがあります。

それは、お金は、自分の才能が人に与える「三感」の対価だということです。

この三感とは、「感謝」「感動」「感激」です。

自分の才能が人の役に立ったとき、人は「ありがとう」と感謝します。

そして「ありがとう」の気持ちが強いと、感謝は「感動」へと変わり、そこから「感激」が生まれます。

この感激によって、その人は、あなたの才能のファンのような存在になります。

同じ感激を味わいたくて、「あなたにお願いしたい」と繰り返し仕事を依頼してくれるようにもなっていくでしょう。

こうした感謝、感動、感激の心の動きは、じつは才能を人のために役立てた自分自身にも生まれます。才能の進化は、三感とともにあると考えてください。**自分の才能が人から強く感謝されると、自分もまた感動し、感激し、「もっと努力して才能を磨こう」と思える**のです。

◉「予約が取れない整体院」は何をしたのか

ここでも、2つほどエピソードを紹介しておきましょう。

1つは、僕がお世話になっている整体師の人です。

自分で整体院を開業した彼でしたが、腕はいいのに、なかなかお客さんが来ませんでした。あまりにも暇なので、整体師の制服のまま整体院の軒先でタバコを吸って時間を潰すという日々が続きました。

人の体を癒すという才能は見つかっているのに、いまひとつ突き抜けることができずにいたわけです。

「大手チェーンの整体院は1時間で3000円弱だけど、僕は1時間で4000円。どうしたらいいですかね……」という彼に、僕はこうアドバイスしました。

「大手チェーンのみならず整体をやっている人はゴマンといるわけで、そのなかで勝負するには、何をプラスアルファできるか考えてみたらどうですか？」

人の体を癒すというのは、大変なことです。

整体の技術を身につけるだけでも大したものだとは思いますが、本当に人の体を治そうと思ったら、ほかにも取り入れられることはたくさんあるはずです。

つまり「整体」というものを軸として才能を増やせば差別化になり、そこに魅力を感じるお客さんが多く訪れるようになるだろうと思いました。

ただ最初、彼は僕の言葉をちょっと取り違えてしまったようです。

「新しいことを始めればいいんだ」と考えたのか、整体とはまったく関係のないネットビジネスに手を出そうとしました。

「そういうことではないよ。体の治療に関するものは、整体のほかにもたくさんあるでしょう。アロマとか鍼灸とか気功とか……」と僕がいうと、「気功」という言葉にピンと来たようでした。

そこで彼は、さっそく気功を学び始め、普段の施術にも積極的に取り入れるようになったのです。

今、彼の整体院は、いつも予約で一杯です。少し前までは時間を持て余していたなんて、信じられないほどの「予約の取れない整体院」になりました。

しかも、たしかな整体技術に気功という価値をプラスしたことで、大手チェーンより高い40分6000円で施術しています。

こうして、ほかでは得られない感謝、感動、感激を人に与えられるようになったことが、より高い対価につながりました。まさに、**値段を下げるのではなく才能を増やしたことで、結果、値段を上げることができた**のです。

ただし、私にとってはちょっと困ったことになりました。以前は、いつ連絡しても診てもらえたのに、今では、それが難しくなってしまったからです。

先日も、腰が痛いので彼に連絡したら、「ごめんなさい、今日も明日も明後日も、ぜんぜん空きがないんです……」と断られてしまいました。

この不便については文句をいいたい……というのは冗談として、腕のいい彼が多くの人に求められていることを、純粋にうれしく思っています。

◉ネイルをするだけではないネイリスト

もう1つの例は、ネイリストの女性です。

彼女は努力してネイリストの資格をとり、ネイルサロンを開いたのですが、先ほどの整体師の彼と同様、なかなかお客さんが来ませんでした。

やはり、ネイリストの資格をもっている人はゴマンといるなかで、みなと同じことをやっていても成功しづらいというのが問題でした。

そこで彼女が取り組んだのは、爪と手相の勉強すること、そしてハーブ検定の資格をとることの2つでした。

ご存知の方も多いかもしれませんが、疲れているときは爪が荒れるなど、手には体の健康状態が現れます。

その点に着目し、彼女は、お客さんにネイルを施しながら、爪や手の状態から、その人の体調を読み取り、それに合わせてハーブティを出すようにしたのです。

これは爪と手相の勉強をし、ハーブ検定の資格をもっている彼女だからこそ、できることでした。

たちまち「ネイルをかわいく仕上げてくれるだけでなく、健康アドバイスもしてくれる」という評判が広がり、今では、なかなかお客さんの絶えない人気ネイルサロンになっています。彼女が出しているハーブティが、ネット販売で売れるというおまけもついてきました。

ネイルというものを「軸」として才能を広げたことが、より多くの人に感謝、感動、感激を与え、お金にも恵まれることにつながったのです。

こうした例を見ても、**何か1つ軸があれば、自然な流れで才能を増やしていける**ということが、おわかりいただけるのではないでしょうか。

何の脈絡もなく新しいことを始めるのではなく、1つの軸にリンクさせるようにして才能を増やしていくのです。感謝、感動、感激という心の動きも、この流れのなかにあると考えてください。

◉ファンの苦言は「金言」である

前章では、人からの褒め言葉が自分の才能を表すとお話ししました。

一方、自分の才能をすでに見つけ、開花させつつある人にとっては、「苦言」がさらなる飛躍のきっかけになります。

まだ大きなお金には恵まれていないまでも、自分の才能を使ってお金を得ているというのは、いわば自分の「ファン」がいるという状態です。

ファンとは、基本的に、あなたの仕事に対してお金を払いたいと思っている人たちですが、ときには苦言を呈することもあるでしょう。

せっかく順調に歩んでいると思っているところへ、マイナスなことをいわれたら、きっと耳を塞ぎたくなるでしょう。でも**ファンは、あなたを貶めるためではなく、よりよくなってほしいからこそ、あえてマイナスなことをいう**のです。

つまり、ファンの苦言は「金言」であり、これを無視するのは、まさに宝の持ち腐れというわけです。

褒め言葉は気持ちいいものですが、才能を見つけて歩み始めた人にとっては、現状に安住し、リスクを避ける逃げ道になりかねません。

だから、褒め言葉はほどほどに受け止め、苦言にこそ真摯に耳を傾ける。そうすれば改善したほうがいいこと、引いたほうがいいこと、足したほうがいいことなど、自分の才能をさらに進化させるヒントが見つかるはずです。

◉敵よりも多くの味方がいる

才能を使ってお金を得ているというのは、その才能が誰かの役に立っているということです。

人を喜ばせたり、助けたり、救ったり、勇気づけたりしている。だから、人は、その才能に対してお金を払うのです。

才能を見つけて歩み出しても、まだ自分が望むようなお金は得ておらず、何となく行き詰まりを感じている。**つい「できなかったこと」を数えがちですが、行き詰まりを感じているときこそ、「できたこと」に思いを馳せること**が大切です。

僕が、自分の経営するカラオケ店で占いを始めたころ、占いは無料でした。占いは、そもそもお客さんを呼び込むためのサービスのつもりでしたし、無償で多くの人を占えば、それだけ勉強になると思ったからです。

その年に占った人数は３０００人。全員の相談に全力で応えたつもりでしたが、そのうち13人は、悲しいことに自殺してしまいました。うち1人は僕の友人でした。

その13人の人たちの顔は、今でも忘れません。手を握って、「大丈夫。これからよくなっていくからね」と伝えたにもかかわらず、彼らを死なせてしまった。当時の僕は、それがショックでたまらず、もう占いはやめようと思ったのです。

占いをやめると決めて間もなくのこと、ある2人の女子学生が僕の元を訪れました。2人とは、彼女たちが高校生のころに相談に乗って以来の縁でした。

いつもと変わらず悩み相談をする彼女たちに、僕は「ごめん。君たちと話せるのは、たぶん今日が最後だ。もう占いはやめると決めたから、もう相談には乗れないんだよ」と伝えました。

そう決めた理由まで話すと、1人は涙を浮かべて「そうですか……それは辛かったですね」といってくれました。

ところが、もう1人は、ものすごい仏頂面で僕を睨みつけています。「どうしたの?」と聞くと、「先生は、私がここに最初に来たときのこと、覚えてますか?」と聞いてきました。

もちろん覚えていました。

彼女は当時、ひどいイジメに悩んでいて、僕のブログのコメント欄に「私が死にたい10の理由」と題した長い文章を書いてきました。僕は、それをほとんど読まないまま、「死ぬことはないから、とにかく話しに来て」とだけ返したのでした。

「あのときの先生の返信、ちゃんと覚えてますか? 『ここで僕と話して、最後にはスキップして帰れるようにしてあげる』って書いてあったんですよ。

それを読んで、私は『何をふざけたことを』って半分キレてここに来ました。でも、帰るときには本当にスキップしてたんです。

今、私は看護学校に通っています。これで、たくさんの人を助けられる人になれると思うとすごくうれしい。彼氏もできて、すごく幸せなんです」

「それはよかった」という僕に、彼女はさらにいいました。

「先生は、私のいっている意味がわからないでしょう？」

その言い方にちょっとムッとしていると、彼女は、次のように続けたのです。

「3000人の方を占ってきて、13人の方が亡くなった。それは本当に残念だし悲しいことです。でも先生は、助けられなかった人は数えられるのに、助けられた人は数えられないんですね。もうやめるっていうんだったら、いいですよ。でも先生がやめたら、来年からもっと多くの人が死ぬことになりますからね」

その瞬間に、僕は「こんなに大事なことを、20歳の子にいわれなければわからないのか」と、ガツンと頭を殴られたような気分になりました。

3000人を占って、13人が亡くなってしまった。その裏側には、13人よりはるかに多くの、「僕が助けることができた人たち」がいるはずです。そこに目を向けずに、占いをやめると決めた自分は、なんて愚かだったんだろうと思ったのです。

僕が特別なわけではありません。

開運アドバイザーは、直に悩んでいる人と接する職業です。だから、結果も人数も見えやすいだけで、「誰かのためになっているから成立している」というのは、すべての仕事に共通することです。**仕事をしている人全員が、その仕事を通して人を助け、救い、喜ばせているの**です。

才能を使って仕事をしていれば、アンチが現れることもあるでしょう。アンチの存在は目立つため、つい、そちらのほうにばかり気を取られがちです。

でも、あなたは自分の仕事を通じて、間違いなく人の役に立っています。敵よりもはるかに多くの味方がいるし、非難する人より、はるかに多くの支持者がいる。今後さらに歩みを進めるために、このことは、ぜひ覚えておいてください。

才能を見つけるヒント

- 才能は、「感謝」「感動」「感激」で進化する
- 才能と才能を掛け合わせて差別化してみよう
- 「耳が痛い言葉」にこそ耳を傾けてみよう
- 誰もが仕事を通じて人を喜ばせている
- 敵よりも味方・支持者のほうが多いことを自覚しよう

逆境をチャンスに変えるもの

「人生には何一つ無駄なんてない」といいますが、これは本当です。

そのときは受け入れ難いように思える逆境でも、自分の糧となり、人生を前向きに進めていく原動力となります。

ただし、それには1つだけ条件があります。逆境に置かれたときに、自分がどう捉え、何を選ぶか。**逆境を機に新たな才能を見つけ、使えるかどうかによって、無駄になるか糧になるかが分かれる**のです。

◉夢を絶たれた青年の人生逆転劇

僕の知人にも、夢を絶たれるという逆境に置かれながら、人生を前進させた人がいます。

彼はかつてプロサッカー選手を目指していました。すでにユースのチームで活躍し、将来を有望視されていたのですが、夢半ばで大きな怪我をして、選手生命を絶たれてしまいました。

今まで、プロサッカー選手になることだけを目指して努力を重ねてきた彼にしてみれば、人生が突然、暗転してしまったのです。

「夢も未来もすべて失った。今までやってきたことはぜんぶ無駄だった」と、彼が落ち込み、投げやりになるのも無理はありませんでした。そんな彼に、僕はいいました。

「無駄だったなんてとんでもない。これはチャンスやん。そのためにも、まず、その怪我を治すことだ」

気休めでいったのではありません。

スポーツ選手にとって、体のメンテナンスは命綱です。そのため、チームには必ずメディカルスタッフがいます。

もし、そのメディカルスタッフが、自身もサッカー選手の経験がある人だったなら——まさにプロサッカー選手を目指し、すでにユースで活躍していた彼のような人物だったら、どうでしょう。

単に医療知識が豊富なメディカルスタッフより、はるかに選手の体や心をよく理解し、力になれるに違いありません。

つまり、これは一見すれば逆境でも、彼自身の意思次第では、大きなチャンスに変わる可能性も高い。しかも、彼はすでにユースで活躍し、関係者からも注目されていたため、プロサッカーチームにもパイプがあります。

彼さえ気持ちを切り替え、新たなビジョンに向かって動き出せば、可能性は大きく開かれていました。だから僕は「チャンスやん」と伝えたのです。

でも彼は、そんな僕の真意を知る由もありません。

「どういうことですか？　怪我を治したって、またサッカーができるようになるわけでもないし……」と当惑し、少し怒りすら浮かべながら聞いてきましたが、僕は「今は答えを教えんよ。自分で考えな」と返すだけにしました。

自分の道は本来、自分で見出すべきものです。「べき」というより、自分で見つけてこそ、大きな喜びとなります。

たとえ逆境にあっても、新たな道を見出し、その道を歩めるような才能を見つけるのは、自分の中に眠っている宝箱を開けるということです。そんな貴重な宝箱を、赤の他人である僕が開けていいはずがありません。

彼が自分で考え、自分の判断で新たな道を歩み出すのが一番。だから僕は「自分で考えな」といったのです。

怪我を治すなかで、彼は、今までサッカーのために作ってきた自分の体や、「やっぱりサッカーが好きだ」という自分の気持ちと向き合ったのでしょう。それに伴い、逆境をチャンスに変える考えもまとまったようでした。

怪我が治ると、彼は、まず鍼灸の学校に通って鍼灸師の資格をとりました。さらにストレッチや食事療法の知識も身につけました。

彼が地元のJリーグチームでメディカルスタッフの職を得たのは、それから間もなくのこと。こうして彼は、逆境を見事にチャンスに変えました。

◉「人生には無駄なんてない」の真の意味

では、ここまで彼を突き動かしたものは、いったい何でしょう。

それは、ビジョンです。

ビジョンとは、人生の道を照らす光です。

怪我によって選手生命を絶たれた。

この経験を踏まえて、自分の人生をどう組み立て直すか。

そこに「『元サッカー選手のメディカルスタッフ』になる」というビジョンが生まれたからこそ、彼は、その光が照らす未来に向かって確かな足取りで進み、新たな才能を見つけることができたのです。

これが「人生には何一つ無駄なんてない」ということであり、逆境をチャンスに変えるということです。

「どうして、こんなことに……」と嘆き悲しんでいるうちに、逆境が勝手にチャンスに変わってくれるのではありません。そこでいかにビジョンを描くかどうか、どんな才能を新たに足していくかどうかが、大きな分かれ目になるというわけです。

順風満帆な人生を歩みたい。誰もがそう願っていると思いますが、困難や苦難と無縁の人生が理想的かというと、そうとは限りません。

逆境や挫折など、困難、苦難は決してうれしいものではありません。

その渦中にあるときは嫌で嫌でたまらず、逃げ出したくなります。

でも、**逃げ出さずに対峙し、乗り越えてみると、「あの挫折があったから今がある」「あの逆境があったから今がある」**と思えるのです。

渦中にあるときは、「この苦しみが永遠に続くんじゃないだろうか」という恐怖に支配され、諦めたり逃げたりしたくなります。

渦中にあってもビジョンを描けば、必ずや新たに才能を磨く道が開けます。自分はひと回りもふた回りも成長し、どんな困難も苦難も、あとから「あのときは大変だったけど、よかったね」といえる思い出に変わるでしょう。

思えば僕も、困難、苦難の連続でした。

とくに堪えたのは、20代半ばで多額の借金を抱えたことです。たしかに当時は大変でした。でも結果的に、この困難は、自分のビジョンは何か、才能は何かを知る大きなきっかけになりました。

もし、あの困難がなければ、九州で経営者になることも、開運アドバイザーとして多くの方と接することも、こうして本を書くことも、今の妻と出会って結婚することもなかったでしょう。

つまり、今の僕のすべては、あのときの困難から始まっているのです。

◉「無難な人生」で満足か

運勢には浮き沈みがあります。低迷期もあれば上昇期もある。ただし低迷期に起こる一見、よくないことも、人生全体で見れば意味があります。

たとえば、子どもを待ち望んでいた人が、運の上昇期で妊娠、出産したのち、運の低迷期で育児ノイローゼになるというのは、よくあることです。

妊娠がわかったときには、ご主人とハイタッチして喜んでいたのに、いざ子育てに入ると、「自分の時間はなくなるし、旦那は何も手伝ってくれない。こんなことなら産まなければよかった」と、とんでもないことを言い出すのです。

でも、ここでしっかり自分と向き合えば、きっと、その後、今まで思いもよらなかった形で成就するでしょう。

たとえば、ある女性は、育児ノイローゼでカウンセリングに通い、まず自分の心のケアを行いました。そして、ふたたび運の上昇期に入ったときにカウンセリングの資格をとり、育児に悩む女性専門のカウンセラーになりました。

育児ノイローゼは、それだけ見れば辛く苦しいものです。でも、この女性の場合は、運の低迷期で訪れた困難が、新たな才能を開花させるきっかけとなったのです。

才能は、運の上昇期に突然、開花するものではありません。むしろ低迷期に起こったことを、どう捉え、生かしていくかで、その後、どんな形で、どんな才能が開花するかが決まるといっていいでしょう。

成功する人生には、やはり「難」がつきものなのです。

困難、災難、苦難はできるだけ避けたい。これが人情だとは思いますが、難を経て得るものと、難を経ずして得るものとでは、プロセスの密度が違います。そして**才能を見つけ、その道を歩むなかで、もう一歩も二歩も頭抜けるには、難を受け止め乗り越えるというプロセスが必要**なのです。

僕も、もし借金を背負うという難がなければ、おそらく、今の自分はいなかったでしょう。「いつかは経営者になるんだ」という志だけは膨ませつつ、ずっと東京でサラリーマンを続けていたのではないかと思います。

僕の先生は、多額の負債を背負った僕に、こういいました。

「よかったね。今、あんたには神様のスポットライトが当たってるんだよ。今は通行人Aでも通行人Bでもない、あんたが主人公なんだ。その負債も、あんたなら返せる額だから、やってきたんだよ。

楽しかった思い出は、『あのときは楽しかったなあ』という切ない記憶に変わるだけだけど、辛かった思い出は『あのときがあったから、今がある』と思える宝物に変わる。今、目の前のリスクをちゃんと受け止めれば、必ず後で笑える日が来るからね」

渦中にあるときには、なかなかそうは思えませんでしたが、今は、先生のいうとおりだったなと思います。

難に見舞われたときに、人は、もっとも伸びるようにできているようです。

だから決して難を恐れないこと。「なんだかうまくいかないな……」という状況や、思わぬ逆境に見舞われたときには、それこそが才能を進化させるカギになると考えてください。

難のない人生は、たしかに平坦で心穏やかなものかもしれません。

でも「難が無い」とは、要するに「無難」です。神様のスポットライトが一度も当たらない、可もなく不可もない無難な人生になるということです。

成功する人生とは、無難なものではあり得ません。成功とは向上心の為せる業であり、向上心とは、より高みを目指して挑戦し続ける心のこと、そんな向上心のあるところに、困難や苦難が起こるのは必然といえるからです。

才能を見つけるヒント

- 逆境は「新しい才能」を見つけるチャンス
- 嘆き悲しむより、ビジョンを描こう
- 無難な人生では、つまらない

「中身のないお金儲け」で才能は磨かれない

世の中に、お金儲けの方法は数多あります。

でも、**単に多くのお金を手にするだけでなく、人生を充実させ、心豊かに生きられるお金儲けの方法は、才能を通じてお金を得ていくこと以外にはない**でしょう。

実際、自分の才能を使っていない人たち、たとえば、何人か仮想通貨で儲けている人に会ったことがありますが、みな、お金はあっても人間的な魅力がないように感じられました。

「最初に投じた資金が何百倍にもなって大儲けできた」「親兄弟や親戚、友人知人に車やら時計やらを買ってあげた」といった自慢話を繰り広げる人もいますが、それは、単に周囲からたかられているだけで、魅力があるからではありません。おそらく何かの拍子に失敗したら、お金と一緒に人も逃げてしまいます。

それに、「自分が楽しいから」ではなく、単に「お金になるから」という理由で始めたことでお金を儲けている人には、メンタルを病む人が多いのです。

◉精神が満たされなくては、人は幸せになれない

同じ金儲けでも、**才能を使っていない金儲けには過程がなく、自分の内側に蓄積されるものがないため、どうしても人間的に薄っぺらになりがち**です。

過程が存在せず、いきなり大金が舞い込んでいるという点では、宝くじが当たるのと、そう変わらないといってもいいのかもしれません。

それに何より、中身がない金儲けは、自分自身が楽しくない。だから、いくら経済的には豊かになっても精神は満たされず、ともすれば病んでしまうということなのでしょう。

もし目の前に、「仮想通貨で10万円が1億円になった」という人と、自分の才能を使って起業し、「10年で年収5000万円になった」という人がいたら、より魅力的で、今後さらに大きなお金を得ていく可能性があるのは、確実に後者です。

本書を手に取ってくださったみなさんには、ぜひ、そんな**「過程と中身のあるお金**

持ち」を目指してほしいと思います。

◉「手っ取り早く稼ぎたい」の落とし穴

最近、企業経営者の方々が、口を揃えていっていることがあります。

「これからは職人の時代になる」――今後は、高い専門技術をもつ人たちの価値がどんどん高くなっていくだろうというのです。こうした見立てには、職人的な仕事に就く若者が減っているという背景が大きく関係しているようです。

すべての若者が同じとは思いませんが、どうも「努力」や「下積み」を避ける傾向が強いというのは、僕自身も感じています。

これらは、まさに職人の世界では必須のものですから、職人業につく若者が減っているという現状も、そのために職人の価値が高まっていくという予想も、十分、うなずける話でした。

実際、60歳で定年退職した職人さんが、その業界の大手企業から次々と仕事を頼まれ、「まだ働けるから」と片端から引き受けているうちに、年収が現役時代の倍になった、といったこともすでに起きているようです。

だから職人を目指そう、という話ではありません。

こうした話からも、僕が心配に思っているのは、**努力を避け、下積みをすっ飛ばしたいばっかりに、「手っ取り早くお金を稼ぎたい」という発想に走ってしまう人が増えている**のではないか、という点なのです。


手っ取り早くお金を稼ぎたいと思っていると、「ここだけの話」「絶対に稼げる」という謳い文句に、つい乗ってしまいがちです。怪しい投資話や、いわゆるマルチ商法にハマってしまう人などは、その典型例といっていいでしょう。

そもそも、「ここだけの話」「絶対に稼げる」などと謳っているものは、ほぼ100パーセント怪しいと考えて間違いありません。

なぜなら、「ここだけの話」は「みんなの話」、「絶対に稼げる」は「簡単には稼げない」だからです。要するに、そんなウマい話など、ないに等しいということです。

実際には、ほぼ稼ぎにならないどころか、損をする可能性が高いでしょう。

それ以上に、こうした話が恐ろしいのは、次第に、その周辺の人間関係に染まっていくことです。

一見、人付き合いの幅が広くなっているように感じるかもしれませんが、「類は友を呼ぶ」というように、単に怪しい投資やマルチ商法の仲間が集っているだけ。それにともなって、もともとあった貴重なご縁が切れてしまう場合も少なくありません。

僕のところにも、マルチ商法にハマって、昔からの人間関係が崩壊してしまったという相談は、とても多く寄せられます。

それこそが、マルチの悪しき面です。

ちゃんと才能を使ってお金儲けをしている人は、人が離れるどころか、どんどん寄ってくるものです。

本来、お金儲けとは、人間的な魅力も含めて人を喜ばせるものだからです。

そして、**人間的な魅力も含めて人を喜ばせるからこそ、才能を使っている人は永続的にお金に恵まれていく**のです。

一方、マルチ商法を始めると、たいていは人が離れていってしまう。となれば、なぜ手を出してはいけないかも、改めて理解できるはずです。これは人を喜ばせるという、本来あるべきお金儲けの形ではないからです。

こうした落とし穴にはまらないためにも、「手っ取り早くお金を稼ぎたい」という発想からは、早々に脱してほしいのです。

遠回りに思えるかもしれませんが、しっかり腰を据えて才能を磨き、進化させていってください。そうしているうちに、気づいてみたら、かけた時間に見合う以上のお金に恵まれている自分に気づくでしょう。

◉「お金は、お金を連れてくる」という法則

人間的な魅力も増しつつ、永続的にお金に恵まれていくためには、「手っ取り早くお金を稼ぐ」という発想からは脱したほうがいいとお話ししました。マルチ商法を例に挙げましたが、「投資家」になることも、決しておすすめはしません。

でも、一生懸命、才能を使って儲けたお金の一部を資産運用に回すというのは、まったく悪い発想ではありません。そういうことならば、むしろ、おすすめしたいくらいなのです。

お金には、集まれば集まるほど力をもち、「仲間」を連れてくるという法則があります。この**「お金は、お金を連れてくる」という法則を、もっとも強く働かせることができる方法が投資**というわけです。

現に、僕が親しくさせていただいている経営者の方々は、みなさん、相当な規模の資産運用をしています。仮に1億円を儲けたら、9000万円は投資に回しているとい

うくらい、「お金にお金を連れてきてもらう」という法則を活用しています。

ところが、世間的には、まだまだ「投資＝ギャンブルのようなもので、怖い」という印象が根強いのかもしれません。

以前、ある中小企業の経営者の方々が集まる場で、「何月何日は、仕事運、財運、あらゆる意味で吉日です」と伝えたとたん、みなさんが「じゃあ、投資でも始めようかな」と口々にいい始め、一気に場が色めきたったことがあります。

「はい、投資を始めるにも絶好のタイミングですね」と付け加えながらも、僕は驚いてしまいました。というのも、中小企業とはいえ、経営者ともあろう方々が、多少なりとも資産があるはずなのに、投資をしたことがないのです。

投資は、ちゃんと勉強して行えば、才能を使って得た貴重な資産を増やすことにつながります。自分の知識だけでは不安な場合は、証券会社の投資信託を買って、ある程度、投資の専門家と相談しながら行うのもいいでしょう。

この超低金利時代、お金を銀行預金に入れておいても、ほとんど利益は出ません。それに、資産運用をしようと思うと、純粋に勉強になります。たとえば、ある国際関係がどう為替や物価に影響するか、といった話も絡んでくるため、国際情勢を含めた経済の知識教養が磨かれるのです。

知識教養を磨きながら、自分の才能を使って得たお金が増えるとしたら、願ったり叶ったりではないでしょうか。

もう一度いいますが、個人投資家になることはおすすめしたくありません。投資を生業とすることと、才能を使って得た資産を運用することは、まったく別ものだと考えてください。

◉投資で気をつけるべきこと

これから投資を始めるという人には、2つほど気をつけてほしいことがあります。

まず1つめは、**リスクをとる覚悟はできているか**ということ。

投資は貯金とは違いますから、当然、損をするリスクがともないます。覚悟を決めて、自分で勉強して知識をつけたり、知識のある専門家と話したりして、とるべきリスクをとることが、投資に必要な第一の心構えです。

2つめは、**投資に没頭しない冷静さを保つこと**です。

プロの投資家は、日々、株価の動向を追いかけ、投資による利益を追い求めることが生業です。でも、そうではない僕たちが逐一、株価の動向に意識を奪われていては、

くらいのほうがちょうどいいでしょう。

専門家の意見を求めるなどして、きちんと考えて投資先を決めたら、あとは放ってお

それに、あまりにも利益に執着すると、かえって利益が出なくなってくるものです。

本業や家族との生活がおざなりになりかねません。

◉「金銭的な投資」だけが投資ではない

投資には、金銭的な投資だけでなく、人への投資というのもあります。

たとえば、僕は腰が悪くて、痛みが出たときに頼る整体師さんが2人います。

うち1人はベテランで、すでに成功を収めています（前にお伝えした、気功を取り入れて成功した整体師です）。

もう1人は、まだ20代の若者です。こちらも腕は確かなのですが、まだ開業して間もないせいなのか、自信をもちきれずにいるようでした。

そこで僕は一計を案じました。出版記念講演のために東京に行くことが決まっていたので、その整体師の彼を「一緒に東京に行かないか？」と誘ったのです。

東京では出版社との打ち合わせもあれば、お世話になっている企業経営者の方とも

お会いします。「腰が痛い」「万年肩こりで……」といった不調を抱えている方も多いので、彼の施術を受けてもらったらどうかと思いました。

日ごろお世話になっている方々の体調改善に、少しでも役立てたら。そんな思いと同時に、地元を飛び出した土地で、普段は接しないような方々に施術することが、彼にとって自信をもつきっかけになればいいなという考えもあったのです。

ですから、彼の施術を受けたいといってくれた方々には、あらかじめ、こんなふうにお伝えしていました。

「実際に施術を受けてみて、ぜんぜんよくなかったら、それはもちろん、ハッキリ言ってもらってかまいません。でも、もし痛みが軽減するなどの改善が見られたら、それもしっかり彼に伝えて褒めてあげてください。よろしくお願いします」

結果は予想以上でした。

彼の施術を受けた人たちは、「今日は『いい顔してるね』っていろんな人に言われるんだよ」と、みなさん驚かれていました。たしかに僕から見ても、彼の施術を受ける前にお会いしたときとは、明らかに顔つきの明るさが違います。

体の痛みの原因は筋肉のこわばりであり、筋肉がこわばっていると、血流が悪くなって顔色が悪くなったり表情がこわばったりするそうです。だから、彼の施術を受けた人が、痛みなどがなくなるだけでなく、顔つきまでパッと明るくなるというのも、十分うなずける話でした。

こういうことがあるたびに、やはり**「人への投資」に勝る投資はない**なと思います。

人と人をつないでも、金銭的なメリットはないじゃないかと思ったかもしれません。

でも、だからといって、人への投資をしないというのは、貧しい発想ではないかと僕は思います。長い目で見れば、下心なく、ただ人と人をつなげて喜んでもらうことが、どれほどのメリットを自分にもたらすかは計り知れないのです。

人とのご縁以上の財産はありません。

「あのときはありがとうございました」「あのときはありがとうね」――そんな**感謝の連鎖を自分の周りに生み出すことが、いずれ有形無形の恩恵を自分にもたらしていく**のです。

やはり、結果は後からついてくるもの、「ついで」のようにやってくるものというわけです。

◉「一番いい顔になったのは君自身だからね」

また、立場を変えてみれば、**ご縁がつながりそうなときは、思い切って乗ってみたほうがいい**ともいえます。

自分の武器さえあれば、1つのご縁から人の円がつくられ、円というお金に恵まれることにつながっていくでしょう。

最初はビジョンがなくてもかまいません。自分の才能を見つけて磨くなかで人とのご縁がつながり、次第にビジョンが描かれることも多いのです。

2日間の東京滞在を終え、「本当に来てよかったです」という彼に、僕は伝えました。

「うん、みなさん、君の施術でいい顔つきになっているよね。本当によかった。でもね、言っておくけど、一番いい顔つきに変わっているのは君自身だからね」

そうなのです。彼は、僕の誘いに二つ返事で乗り、自腹で渡航費も滞在費も出しました。「これがチャンスになるなら」と、自分の腕一本を頼りに、地元の診療所を休んで東京に行くことを決意しました。

東京滞在中、彼が施術を行ったのはたったの5人です。施術代では、渡航費も滞在費もとうていペイできません。

でも、その5人の方々から絶賛のお言葉をいただいたことで、たしかな技術に、それまで一番足りなかった「自信」が加わりました。

技術という武器があったからこそ、ご縁を確実なチャンスに変えることができたのです。彼の顔が、九州を出発したときとは打って変わって誇らしげだったのは、決して僕の見間違いではないでしょう。

才能を見つけるヒント

- 「手っ取り早く稼ぎたい」という考えは捨てよう
- 才能を使って儲けたお金の一部は運用してみよう
- 投資のコツは、ある程度のリスクは覚悟しつつ、没頭しないこと
- 人と人をつなぐのも「投資」の1つ
- チャンスが来たら、迷わず「乗る」

才能、ご縁、お金の良循環を切ってしまうもの

才能の周りには人の円が作られ、お金という円にもつながっていきます。才能と人、お金とは、これほど結びつきが強いものですが、あることをすると、この良循環がプツリと切れてしまいます。

それは、人からお金を借りることです。

もちろん銀行の融資は含まれません。親兄弟から借りるのもセーフとしましょう。

しかし**友人知人、さらには仕事で取引のある人やお世話になった人にお金を無心すると、そのご縁は切れていってしまう**のです。

◉運勢の上昇期の後には必ず停滞期が来る

僕のお客さんにも、こんな男性がいました。

その方は、運勢の上昇期に合わせるようにして会社を興し、その勢いに乗って順調に会社を発展させました。

「私は起業してから1回しか営業をかけたことがないのに、それ以降、仕事が尽きない。次々と大型の依頼が来る」「おかげさまで、お金はたくさんある」――これは、当時の彼の口グセでした。

月並みな表現ですが、ちょっとテングになっているような節が見られました。そのなかで一番の財産であるはずの「人」を大切に扱うことも、徐々になおざりになっているようにも思えました。

運勢にはバイオリズムがあります。上昇期の後には必ず停滞期が来るものです。

上昇期には、たいていい何をしてもうまくいきますが、停滞期に入ったら気をつけなくてはいけません。

だから僕は、彼の運勢が停滞期に入ってすぐに、「これから停滞期だから、くれぐれも注意してくださいね」とお伝えしていました。

運勢の停滞期は、四季でいうと「冬」です。

冬は外気が冷え込んできて体調を崩しやすいため、健康管理に気をつけなくてはいけない季節です。それと同様、停滞期は健康に注意し、何事においても慎重に行動したほうがいい、そんな運勢の季節なのです。

にもかかわらず、彼は、あるとき僕のところを訪れたかと思ったら「来年は高級車を買って、家でも買おうかな」と、やけに羽振りのいい話ばかりしています。

「ちょっと待ってください。停滞期に入っているのに、そんなことをおっしゃるって、ちょっと僕には話が見えないんですけど……?」

僕がこういうと、彼はホクホクした顔で、何やら大きな投資話に乗ったという話を始めました。「信頼できる人」に、「絶対に稼げる」「ここだけの話」といわれたから、というのです。

嫌な予感がしました。まず、投資に「絶対」はありえませんし、「ここだけの話」は、たいていは「みんなの話」です。彼のいう「信頼できる人」と会ったことはありませんでしたが、僕はまったく信頼できませんでした。

ましてや、彼の運勢は停滞期に入ったばかりです。

「この流れは本当によくないですね。今からでもやめられませんか?」とアドバイスしたのですが、もはや聞く耳をもってはくれませんでした。

残念ながら、僕の嫌な予感は的中してしまいました。

彼は投資したお金を丸々失っただけでなく、その怪しげな投資話を周囲に持ちかけた張本人であるかのように吹聴され、今まで築いてきた人間関係を失いました。そんな嘘を広めたのは、彼が「信頼できる」といっていた人でした。

◉どん底からの起死回生を可能にしたもの

「お金だけでなく、人からの信頼も失ってしまった。もうおしまいだ」

事の次第を話し終えてガックリと肩を落とす彼に、僕がお伝えしたのは、たった1つのことです。

「かつて運勢の上昇期だったころ、つまり起業して成功をおさめたころに出会った人間全員に挨拶に行ってください。そして当時のお礼を伝えてください」

彼は「そんなことで、どうにかなるとは思えないけど……?」と半信半疑の様子でしたが、すぐに1人、2人、3人と、起業してすぐに知り合い、お世話になった方々に挨拶に行ったそうです。

結果からいうと、お世話になった人すべての元を訪れるまでもありませんでした。最初の3人の方々は寛容に理解を示し、小規模ながら手堅い仕事をいくつか回してくれたため、彼はふたたび仕事で忙しくなったのです。これが彼の起死回生の第一歩となり、ふたたび事業を軌道に乗せることができました。

◉切れてしまった縁を結び直す条件

さて、このエピソードには、1つとても重要なポイントがあります。

それは何だと思いますか？

運勢には上昇期と停滞期があり、順調でもテングになってはいけない。たしかにそういう教訓も含んでいますが、僕がここで一番お伝えしたいのは、その点ではありません。

彼は停滞期に入っていることがわかっていたのに、怪しげな投資話に安易に乗り、お金も人も失ってしまいました。

そんな状態にある人に、僕がたった1つ「かつてお世話になった人たちに、お礼を

か。

死回生を遂げる可能性は十分にある」と思いました。それはいったい、なぜでしょう

普通に考えれば再起不能に思えるような状況でしたが、僕は「それさえすれば、起

伝えに行ってください」とアドバイスしたのは、なぜでしょうか。

僕が冒頭でお伝えしたことを思い出してください。

お金を無心したとたんに、人のご縁は切れていく——。

そうなのです。巨額のお金を失ってから、彼は車を売り、自宅を抵当に入れと、自分の資産を次々と処分しました。周囲にお金を無心しようとはせず、自力で何とかしようとしていたのです。

彼はつねづね「返せない人に金は貸さない、そして自分は絶対に人から借りない、これが信念だ」といっていました。

どん底にあっても、その信念を曲げようとしない彼を見て、僕は「だったら、いったん切れたご縁も復活させられるに違いない」と思いました。

「かつてお世話になった人に、お礼を伝えに行ってください」とアドバイスしたのは、大切なご縁を自ら結び直すきっかけをつかんでもらうためだったのです。

どれほど近しい関係でも信頼できる関係でも、金銭の貸し借りが生じると、その関

係性は徐々に歪んでいくものです。

はっきりとは自覚しなくても、どうしても貸したほうは上から目線になったり、借りたほうは引け目を感じたりする、これが人情です。

そのなかで少しずつ同等な関係性が失われていき、その居心地の悪さから、やがては疎遠になっていってしまうのです。貸したほうからすれば「踏み倒された」ことになるわけですから、これこそ縁が切れてしまう瞬間です。

「金の切れ目が縁の切れ目」とよくいいますが、より厳密にいえば、自分のお金が切れてしまった後の「お金を貸してください」のひと言が縁の切れ目です。

このひと言を発したとたん、自ら大切なご縁を切り、さらに長い目で見れば、ご縁がもたらす円（お金）も遠ざけてしまうのです。

才能を見つけるヒント

・友人・知人にお金を無心しない
・苦しいときこそ、お世話になった人に「お礼」を伝えよう

お金持ちに共通する言葉遣いとは

今まで企業経営者の方々をはじめ、本当に多くのお金持ちと接してきました。

そのなかで、「こうしたら成功できる」という黄金法則が見つかったのではと思うかもしれませんが、残念ながら、そんなものは存在しません。「何をやったら成功した」という方法自体は、人それぞれだからです。

でも、「こういう人なら成功する可能性が高い」という法則はあります。

典型的なのは、やはり日ごろ使う言葉です。

「なりたい」ではなく「なる」と口にする。前章では、これを成功する人の共通点として挙げました。そこから1つ上がって、**才能を進化させる段階にある人に意識してほしい言葉遣いのポイントは、「感謝」**です。

◉「感謝だらけ」を実感できるかどうか

ある男性が発した言葉を聞いて、「やっぱり感謝なんだな」と改めて納得したことがあります。彼は僕の学生時代の同級生で、いろいろと苦労した末に、今は不動産業で大成功を収めています。

その彼が結婚し、家を建てるという人生の転機に、「崔、今後、一番大切にしなくちゃいけないことは何だと思う？」と聞くので、僕は「それはやっぱり感謝やろ」と答えました。すると彼はいいました。

「それをいうなら、僕はもう誰に感謝したらいいかわからないよ」

あまりにも多くの人の恩を受けてきたため、いったい誰に感謝したらいいのかわからない、というわけです。

かつての彼は、やや自己中心的なところがあり、そのために人とモメることも少なくありませんでした。その後、人生の酸いも甘いも味わうなかで、人柄が磨かれたのでしょう。今は不動産業で成功しているというのも、十分うなずけます。

そんなうれしさも入り混じって、からかい半分で「へえ、君からそんな言葉を聞くようになるとはね〜」というと、彼は照れ臭そうに笑っていました。

◉「〜おかげ」か「〜せい」かで人生は分かれる

どれほど多くの人の世話になっているかというのは、おそらく、人によってそれほど違うものではありません。それなのに、人にやたら感謝する人と、それほど感謝しない人に分かれるのは、意識の違いです。

「誰かのおかげで自分は生きている」「誰かのおかげで自分は仕事ができている」という自分の人生の成り立ちを、どれほど取りこぼさずに感じることができているか、という違いに過ぎないのです。

もっといえば、「運が強い人」と「運が強くない人」というのも、あらかじめ決まっている違いではありません。

つまり、生まれながらに運が強い人と運が弱い人がいるのではない。運の強さは生来の違いではなく、ただ「自分は運が強い」と思っている人は運に恵まれるし、「自分は運が強くない」と思っている人は運に恵まれない、それだけの違いです。

そして**「自分は運が強い」と思っている人は、イコール人にやたら感謝する人**でもあります。

運は人が運んできてくれるものであり、「自分は運が強い」という確信は、「自分は本当に人に恵まれているな、感謝だな」という気持ちと地続きになっているからです。

そしてそういう受け取り方や気持ちは、自然と言葉にも表れます。

単なる意識の違いといっても、結果は雲泥の差となります。

成功する人は、より多くの運に恵まれ、より多く感謝し、それが言葉にも表れている人。

先ほどの彼のみならず、成功し、お金にも恵まれ続けている人は、何かにつけて「成功は周りの人のおかげ」と口をそろえます。やはり成功者は、人とのご縁こそが成功の源であると身をもってわかっているのです。

逆に何をやってもうまくいかず、お金に恵まれていない人は、そんな自分の状況を決まって周りのせいにします。自分がうまくいかないのは、「人のせい」「社会のせい」「環境のせい」「時代のせい」……というわけです。

人の「おかげ」か、人の「せい」か。

いかがでしょう。あなたは普段、どちらをより多く感じていますか。

才能を見つけるヒント

・運が強い人ほど、感謝の気持ちが強い
・「誰かのせい」より「誰かのおかげ」を強く意識してみよう

宝くじが当たったらどうするか?

ひょんなことで臨時収入があったら、みなさんはどうしますか?

前から欲しかった高額商品を買ったり、高級レストランや旅行に出かけたりしたくなるかもしれませんが、臨時収入は、基本的には自分のためではなく、人のために使うことが鉄則です。

日ごろお世話になっている人たちに食事をごちそうするなど、気前よく使うようにしてください。

ただし、宝くじの高額当選は話が別です。

よく「宝くじが当たると親戚や友人が増える」といわれますが、本当のことです。

宝くじが当たったことが人に知れると、急に人が集まってきて、借金返済の相談をされたり、金銭的な支援を求められたりするものなのです。残念ですが、これが人間界の現実です。

◉誰にもいわない、1円も使わない

宝くじが当たったら、誰にもいわないこと、そして1円も使わないこと、これが一番です。

誰にもいわれなければ、タカられることはありません。

また、宝くじが当たることで得られるのは、欲しいものが買えるという幸せではなく、「困ったらいつでも使えるお金がある」という安心感です。1円も使わなければ、その安心感は永遠になくなりません。

もし**当選したお金を使うのなら、一気に使ってしまったほうがいい**でしょう。少しずつ使うくらいなら、一気に使ってリセットしたほうが安心だからです。

家を建てる、家を修理する、車を買う……などなど、多額のお金を使うことで生活環境は変わるかもしれませんが、それ以降は、宝くじが当たる以前と同様、月々のお給料で暮らせばいいだけ。人にタカられる心配とも無縁です。

一番よくないのは、中途半端に少しずつ使うことです。

毎月の生活の足しにする、急に物入りになったら使う、というのは安心に思えるかもしれませんが、たくさんあったはずのお金が徐々に目減りしていく不安は、おそらく想像以上です。

仮に1千万円が当たったとして、月に10万円ずつ使ったら、1年後にはマイナス120万円で880万円です。

それでも平均収入の倍くらいの貯金があることになりますが、元が1千万円だと、なぜか人は「もう880万円しかない」と不安に駆られるものなのです。

それに、少しずつ使っていることが周囲に知れたら、「まだたくさん残っているに違いない」「だったら少し分けてもらえるかもしれない」などと思われることにもなりかねません。

◉家族団らんには1億円以上の価値がある

じつは僕のお客さんに、宝くじで1億円を超える高額当選を経験した人がいます。とても示唆に富む話ですので、ここで紹介しておきたいと思います。

その女性のご主人は会社を経営していたのですが、不景気で傾いて倒産寸前。すでに持ち家は借金のカタに取られ、小さなアパートに引っ越していました。

さらに4人いるお子さんのうち、1人は脳の病気で長いこと意識不明、1人は行方不明という、かなり大変な状況でした。

ご主人は19歳のときに実家を飛び出したきり、帰っていないそうです。

そのため「お墓参りに行ったことがない、どこにあるのかもわからない」というので、まず僕は先祖供養をすすめました。

なけなしのお金で興信所を使って判明したのは、ご主人のご両親はすでに亡くなっていること、さらに実家の先祖代々のお墓は、ある地方の雑木林にあるということでした。さっそく現地に出向いてみると、墓石がひっくり返っていたそうです。

ご主人の会社は倒産寸前という状態のうえ、すでに興信所にもお金を使ってしまっています。まったくお金に余裕はありませんでしたが、何とかお墓をきれいに立て直しました。

ご主人の会社の業績が上向き始めたのは、それから間もなくのことでした。

さらに驚くべきことに、意識不明だったお子さんが目覚め、そのうえ大学にストレートで合格しました。

もう一人のお子さんも無事に帰宅しました。どうも悪い道に入りかけていたようなのですが、「今度はちゃんとした職に就きたい」といって専門学校に通い始めます。

こうして、家族の問題は次々と解決しました。

小さなアパート住まいでしたが、ふたたび家族6人、笑顔で食卓を囲めるようになったことが何よりの幸せだと、その女性は嬉しそうに報告に来てくれました。

そんな矢先に、ほんの運試しで買った宝くじで、1億円を超える高額が当たったのです。

ところが、僕が「よかったじゃないですか」といっても、その方は、まったく浮かない顔をしています。それどころか「いらないので、先生、もらってくれませんか？」なんていいだします。

びっくりして理由を聞くと、こんな言葉が返ってきました。

「先生、私は怖いんです。このお金が災いを呼ぶんじゃないかって……。今、裕福とはいえないけれど家族で食卓を囲めるようになって、本当に幸せです。宝くじが当たったことでその幸せが崩れるくらいなら、そんなお金、いりません。それとも、このお金で先祖の墓をもっときれいにせよというメッセージなのでしょうか」

そこで僕はいいました。

「いやいや、1億円以上もお墓にかけるとしたら、豪華なイルミネーションでもつけなくちゃいけませんよ。大切にもっておいたらいいんです」

するると、その女性はやっと顔をほころばせ、こういって帰って行きました。

「わかりました。先生、私はさっきまで、1億以上のお金と引き換えに今の幸せが崩れるなら、そんなお金いらないって思っていました。それって、今の幸せには1億円以上の価値があるっていうことですよね」

この話を聞いて、僕自身、「自分も毎日、宝くじに当たってるんだ」と改めて気づかされました。

毎日、家族が笑顔で食卓を囲む。こういう何気ない風景には、1億円どころか、値段をつけられないくらいの価値があるのです。そう考えれば、みなさんの多くも、じつは、すでに宝くじが当たっているのではありませんか。

その女性は、借金を一括返済して、さすがに6人では手狭なアパートを引き払い、家を買い戻したそうですが、残りはいっさい手をつけずにとってあるようです。

お金はありがたいものであると同時に、その女性がいっていたように、恐ろしいものでもあります。向き合い方を誤れば、足をすくわれかねません。

とくに思いもよらぬ大金が入ると、どうしても人は、お金ばかりに意識を奪われてしまうものです。
臨時収入や宝くじで予定外のお金が入ったとき、なおのこと、しっかりと足元を見つめて本当にふさわしいお金の扱い方とは何か、本当の幸せとは何かと考えてほしいと思います。

才能を見つけるヒント

- すでに宝くじに当たった価値を手にしていると感じてみよう
- お金以上の価値、すでにある幸せを見つけてみよう

3章

喜楽に生きる――人生はすべて「自分のため」

大きく成功しても人生は続く

自分の才能を見つけ、開花させ、さらに進化させていくと、その先には、大きな成功が待っています。おそらく、以前とは比べものにならないほどのお金を手にすることにもなるでしょう。

さて、いよいよ最終段階となる本章でお伝えしたいのは、才能を開花させ、存分にお金を得られるようになった、「そのまた先」のことです。

成功してからも人生は続きます。仕事は順調で、経済的には有り余るほどの豊かさを手に入れた。ところが、それでメデタシではありません。

成功者とは、言い換えれば、夢を叶えた人たちです。

つまり、今まで貪欲に追い求めてきたことを手に入れてしまった。そこで燃え尽き、かつてのような情熱をもてなくなったために、何十億という資産があっても人生に行き詰まってしまう人が意外と多いのです。

これからお話しするのは、僕が師匠から教わったことや、僕が日ごろお付き合いさせていただいている経営者の方々、僕のもとに相談に来られるお金持ちの方々と接するなかで学んだことです。

今はまだ、自分とは縁遠い話のように思えるかもしれません。でも、才能を進化させていった先にいったいどんな壁があり、どうやって乗り越えたらいいのかは、ぜひ知ってほしいと思います。

◉一流を目指す限り、一流にはなれない?

人間には欲が必要です。欲がないというのは、自分に限界を設けて、今の自分に満足しているということ。それだと、自分の才能を見つけ、磨くために努力することもできません。

そういう意味では、**欲とは、才能を使ってお金に恵まれていく原動力**といっていいでしょう。僕の先生も、「人間の欲は死ぬまで尽きない」「欲とは向上心の表れだから、欲をもって生きていくことが大切なんだ」といっていました。

それを聞いた僕が、「人間ってなかなか完璧にはなれないものですね」というと、先生からは、「当たり前だ。完璧とは『死』を意味するからね」という言葉が返ってきました。その真意は、次のようなものでした。

「お坊さんにだって、寝食などの欲がある。ましてや俗世に生きている人間に欲があるのは当たり前だ。人がムになると書いて『仏』になる。人間が死んでムになるときに、人間の欲もムになるんだよ。

すべての人間は、死ぬまで欲があって完璧にはなれない。死ねば人間は完璧になる。人は完璧に向かって生きてるんだ。だから**死ぬ直前まで未熟なまんまということを自分で受け入れて、向上心をもって生きていかなくちゃいけない**」

人は死ぬまで完璧になれない。なるほどなと思いました。

そこで「わかりました。だったら僕は『一流』を目指します」というと、先生は「そうだ、一流を目指しなさい。だけど、**一流を目指す限り一流にはなれない**けどね」

といいます。

僕は頭の中が「?」になってしまいました。

「え？　じゃあ本当は何を目指せばいいんですか？」と聞いても、やはり「一流を目指しなさい」です。「でも一流を目指しても一流にはなれないんでしょう？」「うん、なれないよ」――そんな問答で終わってしまいました。

結局、よくわからないままだったのですが、あとになって突然、先生の真意を悟ることになりました。

◉イチロー選手の引退会見からわかること

それは、メジャーリーガーのイチロー選手の引退会見を見たときです。

記者の質問に、一つひとつ丁寧に答えたイチロー選手の会見は、日本国内で絶賛されました。みなさんのなかにも、感動したという人は多いでしょう。

なかでも僕の心に刺さったのは、会見中盤の「200本もっと打ちたかったし、できると思ったし」というひと言です。

イチロー選手は、誰もが疑う余地もないほどのスーパースターです。「日米通算4367安打」という世界一の記録はいうまでもありませんが、その人柄、精神性、すべてにおいて一流の野球選手でした。

そのイチロー選手が、自分のことを「もっと上を目指したかったし、やれると思っていた」という気持ちをにじませたのです。

周囲から見れば「一流」でも、本人は自分を一流だとは思っていなかったのかなと思いました。イチロー選手の自分の理想像は、「日米通算4367本」という大記録を打ち立ててもなお、完成していなかったのではないか、と。

一流を目指す人は、世間の評価がどうあれ、つねに今の自分の一歩先に理想像があります。

一歩進んだら、また一歩先に理想像が表れ、また一歩進んだら、さらに一歩先に理想像がある。その繰り返しですから、自分の理想像と自分自身が完全に一致することは、ほぼ永遠にありません。

先生がいっていた「一流を目指す限り、一流にはなれない」というのは、**一流を目指す人は今の自分の先に理想像を思い描き続けるから、自分が目指す一流にはなれない**という意味だったのです。

お金が欲しい。もっと成功したい。

こういう欲は、向上心をもって幸せに生きていくための原動力です。

「今の自分でいいや」と割り切らず、「自分はまだまだだな」「足りないものがたくさんあるな」と気づき、今の自分にプラスアルファしていくことができるのもまた、欲の成せる業です。

ただし、これは、いってみれば終わりのない戦いです。

一流を目指す限り、一流にはなれない。それでもなお、**つねに一流を目指して才能を磨き、使っていくことのできる人が、才能によって、無限大のお金に恵まれる人生を歩むことができる**のです。

◉現状に満足すると、リスクが追いかけてくる

前作にも書いたことですが、僕の息子は2018年の秋、心臓に病気を抱えて生まれてきました。生まれてすぐに保育器に入れられ、容易に触れることも叶わない。そんな我が子を見るのも、そのことで身を切られるような痛みを味わっている妻を見るのも、本当に辛いことでした。

「どうして自分の息子が」という思いがグルグルと頭を巡るなか、ある経営者の方はたびたび電話をかけてきては、僕に優しい言葉をかけてくれました。

それでも現状は変わりません。「今後は仕事のペースを落とそう」——そう決めた矢先に、その経営者の方から電話が入りました。出てみると、いつもとはだいぶ雰囲気が違うことが電話越しに伝わってきました。

「まったく、電話するたびにヘナヘナともやしみたいな声を出してさ。崔さん、僕は

もう優しい言葉をかけるのやめた。はっきりいって、10年前の崔さんは、もっとギラギラしてたよ。でも今の崔さんは、すっかり向上心を失っているように見える。

今の年収がどれくらいか知らないけど、崔さんは成功したよね。たくさんお金を儲けて、立派な家も車もあって、自由があって、何より家族がいて――。幸せだよね。でも、その代わりあなたはリスクを背負うことをやめてしまったんじゃないですか。

つねに現状に満足せず、ビジョンを描いてリスクを背負っていく。これは、崔さんが教えてくれたことでしょう。なのに、崔さん自身がそれを忘れてる。でも、よかったですね。神様はやっぱり見ているんです。**あなたがリスクを背負わないから、あなたの息子がリスク背負って生まれてきたんでしょう**」

ここまで言われて、ハッとしました。

たしかに僕は現状に満足していました。もしかしたら、さらに店舗を広げたり、新しい業態を試したりと、たくさん挑戦できることがあったかもしれない。それなのに、すでに作られた枠のなかだけで仕事をこなそうとしていたのです。

この話からもわかるように、難やリスクは、自分や自分の仕事だけでなく、自分の周りの人が背負うこともあります。ただ、どんな難もリスクも、やはり自分が成長するためのものであり、向き合うことでしか乗り越えられません。

その経営者の方の言葉で目が覚めた僕は、それ以降、来る仕事はすべて受けるようにしました。いくら成功しても、ビジョンを持ってリスクを背負っていく。そんな重要なことを、僕は忘れかけていたのです。

人生は、難とリスクの繰り返しです。**難を乗り越えて、リスクを背負ってこそ、より豊かな人生になっていく**というのは、おそらく死ぬまで変わりません。

それにもかかわらず、一定の成功を収めたところで現状に満足すると、いったいどうなるでしょう。僕が身をもって知ったように、自らリスクを取ることをやめてしまうと、リスクが向こうからやってくるのです。

才能を見つけるヒント

・「欲」は才能とお金儲けの原動力

・現状に満足せず、「一流」を目指して才能を磨き続けていこう

死ぬまで幸せでいるために

人間は死ぬまで完璧にはなれないのだから、「一流」を目指して、欲と向上心を失わずに生きていく。ときにはリスクをとる覚悟も必要です。

僕の周りを見ていても、欲と覚悟を失っていない人ほど、大きく成功しつづけているように見えます。ただ、**それも行き着くところまで行き着くと、急に人生に行き詰まることがある**のです。

なぜ、成功しているのに人生に行き詰まるのか。その一番の理由は、才能を使ってお金儲けすることに、楽しみを見出せなくなってしまったからです。

どれほど忙しくても、自分が楽しんでいるうちは苦になりません。

でも、起業した会社の規模が大きくなったり、上場を果たしたりと、ひとたび成功すると、仕事は自分一人のためのものではなく、社員や株主のためのものへと変化します。そのなかで、多くの人が楽しみを見失い、いくら儲けていても「自分の人生、なんだったんだろうか」と虚しくなってしまうのです。

「会社が大きくなるのも問題だよね……」と嘆く人も多いのも、そのせいでしょう。

◉「喜楽」に立ち返り、強化する

では、いったいどうしたら、「自分の人生って……」という虚しさから抜け出して、ふたたび人生に楽しみを見出せるでしょうか。

ここで重要なのは、「喜楽」という考え方。つまり、喜び、楽しみながら生きるということです。

自分の才能を開花させ、進化させることでお金を得る。この過程すべてが、じつは喜楽です。自分が楽しんでできることで、より多くの人を喜ばせるという過程そのものが、才能を通してお金を得るということだからです。

それでも、才能が進化し、自分の事業なり会社なりの規模が大きくなればなるほど、かつてあった喜楽を見失ってしまうことが多い。だからこそ、**大きな成功を収めても、人生は続くという段階で、改めて「喜楽」を意識することが重要**なのです。

◉没頭できる趣味を見つける

成功してから喜楽に生きるために、よく僕がおすすめするのは「趣味を見つけること」です。「いつか〜たい」という曖昧な願望ではなく「〜する」と決め、今すぐに没頭できるような趣味を見つければいいのです。

というのも、**成功してもなお人生を楽しんでいる人は、必ずといって「仕事人」であると同時に「趣味人」**だからです。

もし、成功したにもかかわらず人生に行き詰まりを感じたら、才能を通してお金儲けはできたけれども、まだ、人生を幸せに生きる才能は開花していないということかもしれません。

こうしたアドバイスをすると、決まって「先生、もっとほかに重要なアドバイスはないんですか?」と聞かれますが、成功した人にとっては、趣味こそが突破口になります。

いったん一線から退いて、いつでも**「明日が楽しみで眠れない夜」**を過ごせるかどうか。これが、人生の楽しみを取り戻し、いっそう人間的魅力を増すカギです。

ある企業経営者は、60歳を少し過ぎたあたりで社長から顧問になり、新社長以下、部下たちに会社を任せるようにしました。そして自分は趣味のヨットに没頭し、月一程度、会社に顔を出すようにしたそうです。

じつは、この方は、かつて絵に描いたような「頭のキレるワンマン社長」であり、現役時代には部下たちから非常に恐れられていました。そのため、ときには部下たちから疎ましく思われる節もあったようです。

ところが顧問になってみると、会社に行くたびに、社長や専務から「戻ってきてくださいよ」とたびたびいわれるようになったそうです。

ご本人は不思議がっていましたが、僕には、その理由が明確にわかりました。一線を退き、趣味のヨットに没頭するようになって以降、その人は見違えるようにキラキラと輝いて、魅力的になっていったからです。

自分で自分の才能を見出し、進化させて、大きな成功を収めるなかで人生の楽しみを失ってしまった。

この方もそんな一人であり、趣味によって楽しみを取り戻したことで、人間的な魅力も取り戻すばかりか、いっそう魅力的になったというわけです。

「社長、今が一番楽しいんじゃないですか?」と聞くと、「そうだね、今が一番楽しいよ」といって見せてくれた笑顔も、本当に魅力的でした。誰がいったかは知りませんが、**「一生勉強で、一生青春」**とは真実だなと、改めて思いました。

◉依存を断ち切る

今までにもビジョンの重要性をお伝えしてきましたが、ビジョンをもっとも見失いがちなのは、じつは成功した人たちなのかもしれません。

成功するまでは、「成功すること」がビジョンの到達点でした。でも、成功というビジョンが現実のものとなってからも人生は続くのですから、そのまた先のビジョンが必要です。

まず考えてほしいのは、「依存を断ち切る」ということ。

成功を目指して邁進してきた人ほど、その過程で得てきたものに、強いこだわりを感じるものです。**自分が歩んできた道のりを大切に思うのは素晴らしいことですが、ともすれば、そのこだわりが、自分を縛りつける依存に発展しかねない**のです。

たとえば、自分が立ち上げた会社や、そこでの立場や地位。実際、これらに依存していることに気づき、手放した瞬間に気持ちが軽くなって、ふたたび人生を楽しめるようになった人も、今までに数多く見てきました。

誤解して欲しくないのですが、僕は、成功を収めたら仕事人生を終えたほうがいいといっているわけではありません。**今まで才能を進化させ、足してきたのと同じように、「趣味を楽しむ」という才能を新たにプラスすればいい**という話なのです。

先ほど、仕事の規模が大きくなると、仕事は自分のためではなく、社員や株主のためのものへと変化するといいました。

たしかに会社が成長すれば抱える社員は多くなりますし、上場すれば株主の存在は大きくなります。そのなかで、仕事が等身大の自分を超えて大きくなったように感じるのは、ある種、自然の帰結といっていいでしょう。

ただし、**人が何のために生きるのかといえば「自分のため」**というのは、どれほど大きな成功を収め、責任を負うようになっても変わりません。

「自分はマグロだから、泳ぎ続けないと死んでしまう」

成功した方から、よく聞く言葉です。才能を見つけ、進化させている間は、止まらずに突き進む勢いも必要です。でも、大きな成功を収めてからもマグロのように泳ぎ続けていると、かえって「自分のため」の人生を見失いかねないのです。

私が顧問を務めている会社経営者にも、「社員のため」「株主のため」と、まるで強迫観念にかられるようにして仕事を続けている人は少なくありません。

ある人は、体を壊して入院した病室でも、パソコンにかじりついて仕事をしていました。奥さんが止めても、僕や医師が止めても手を休めないので、思わず僕は聞いてしまいました。

「社長、そんなに仕事、仕事、仕事で、いったいあなたはどうなりたいんですか？」

すると、その方はパタリと手を止めて、「どうなりたい……？」と呟いたきり、黙ってしまいました。

要するに、この方は、仕事に追い立てられるなかで、自分でも気づかないうちにビジョンを見失っていた。「自分のために生きる」という、人生でもっとも重要なことを、いつの間にか、なおざりにしてしまっていたのです。

その一方には、やりたいことがわかっているにもかかわらず、踏み出せずにいる人もいます。形は違いますが、仕事に追われるあまり「自分のため」を見失っているという点では変わりません。

そういう人は、決まって、こんなことを口にします。

「いつか引退したら、ゴルフ三昧の暮らしがしたい」

「会社を人に任せて、1年の半分はハワイの別荘で過ごしたい」

あることに気づきませんか。

前に、成功する人は「～なりたい」ではなく「～なる」と口にする、といいました。

そうなのです。成功を収め、社員のため、株主のために仕事に追われるようになると、多くの人が、自分を二の次にして「いつか～たい」と言い出します。

僕が「じゃあ、明日から、そうすればいいじゃないですか」といっても、「いや、まだまだ会社には自分が必要だから」「今、会社がバタバタしているから」といって、先延ばしにする。そんなケースを、たくさん見てきました。

◉「もう一度、同じ人生を生きたい」と思えるか

才能とは、仕事として人を喜ばせる能力だけを指すのではありません。

才能とはつまり、人生をより豊かに生きる力のこと。そういう意味では、没頭できる趣味を見つけることもまた、才能の1つといっていいでしょう。成功を成し遂げたときこそ、その才能が必要になるというわけです。

なかには「私は生涯現役だから、引退しません」という経営者も少なくありません。

何歳になっても健康で一線に立ち続ける。それもいいのですが、僕としては、趣味も含めた広い意味での生涯現役を目指していただきたいなと思います。だから、成功を手にしても変わらず仕事一色の方には、よく、こう聞きます。

「社長は、今までの人生とまったく同じ人生を、また生きたいですか？」

するとたいていは、「どうしてそんなことを聞くの？」と返ってきます。

「なぜなら僕自身が、もし生まれ変わったら、もう一回、同じ人生を生きたいと、そう思いながら生きているからです」

普段お付き合いしている経営者の人たちと比べたら、僕などはまだまだ若輩者です。それでも、今までの39年とまったく同じ39年を生きたいし、これからも、そう思いながら生きていきたい。そんなふうに伝えると、今の自分を振り返り、「生涯現役」に対する考え方を見直してくれる人がほとんどです。

今までとまったく同じ人生を、また生きたいか。

あなたはどうでしょうか。

今はそう思えなくても、これからの数年間で、そう思える人生にしていくことは十分、可能です。

だからこそ、成功したときに改めて、「自分のため」に生きる人生の喜楽を、取り戻していただきたいのです。

才能を見つけるヒント

- 趣味に没頭するのも「才能」のうち
- 得てきたものへの依存を断ち切ってみよう
- 「自分のため」に生きる

番外編

お金に好かれる日常習慣

ここからは番外編として、
お金に好かれるお金との付き合い方や、
お金を引き寄せる日常習慣についてお伝えしていきます。
どれも効果のある方法ですが、
あくまでも、今までお伝えしてきたことを踏まえて
取り入れていただければと思います。

◯お金を引き寄せる最強のお守り

金運アップのグッズは世の中にたくさんありますが、本当にお金を引き寄せたいのなら、最強のお守りは、自分の「通帳」です。

ただの通帳ではありません。使いかけの記帳に、5億円でも10億円でも、将来的に自分が得たい金額を記入しておくのです（銀行記帳用に、新しい通帳を別に作ります）。この通帳は家に置いておいても、財布に入れて持ち歩いてもかまいません。

僕も借金を背負い、「絶対に3年間で返す」と決めたときに、先生にいわれて、通帳に「130，000，000」と書き込みました。そして、「自分にはすでに1億3千万円あるのだから、いつだって返せる。でもあえて、これから働いて返すんだ」と思いながら返済していきました。

人は「運の強い人」と「運の弱い人」に分かれているのではありません。「自分は運が強い」と強く勘違いしている人と、「自分は運が弱い」と強く勘違いしている人に分かれているだけです。仮に5億が欲しいなら「500，000，000」と通帳に書き、「自分はすでに5億円持っている」と勘違いするだけで、お金を引き寄せる力は格段に強くなるのです。

僕が本当に3年間で借金を完済できたのも、この通帳のお守りが、僕に勘違いさせてくれたからではないかと思っています。

前に、宝くじで高額当選したら、誰にもいわないこと、そして1円も使わないこと、といいました。

大きな金額を通帳に書き込むというのは、いってみれば、「宝くじが当たったけれど、誰にもいわないし、1円も使わないんだ」と思って生きるということです。こういう自己暗示の力は侮れません。

◯会社員の金運はデスクに表れる

会社員にとって、金運を上げる1つのカギとなるのは、仕事をする＝お金を生み出すデスクまわりです。

散らかったり、ホコリがたまっていたりするのは論外です。できれば毎日、デスクの上は片付け、拭き清めましょう。

仕事上の人間関係に悩んでいるのなら、デスクに小さなサボテンを置くか、ラベンダーの香りがするものを身につけたり、デスクに置いたりすることおすすめします。チクチクした植物やラベンダーの香りには「魔除け」の作用があるため、ストレスフルな人間関係から守ってくれるでしょう。

◯「足」「口」「手」は運の入り口

金運を上げるには、身なりをスッキリと整えておくことも効果的です。

まず、運は大地から入ってくるので、足元をきれいに保つことが重要です。

靴磨きはマメにしてください。結婚している人は、奥さんに靴磨きをしてもらうと、いっそう効果的です。本格的に磨かなくても、毎朝、さっと靴用のクロスでホコリを払ってもらうだけでかまいません。

もう1つ、奥さんにお願いするといいのは、出かけるときに背中をサッサッとさすってもらうことです。これには男性を守り、出世運を上げる作用があります。

女性の読者で既婚の方は、ぜひご主人の靴のホコリを払い、出かけるご主人の背中をさするというのを、毎朝の習慣にしてください。

足と並んで、「口」も運の入り口です。口の中も清潔に保ったほうがいいのはもちろんですが、意外と見落とされがちなのは「歯の健康」です。

以前も、お付き合いのある企業経営者の方々とゴルフコンペに参加した際、こんなことがありました。

ある経営者の方が、「同じコンペに参加している知人の経営者が、最近、事業の調子が悪いって悩んでいるだけど……」というので、その方にお会いしてみると、なんだか口元が歪んでいるように見えました。

気のせいかとも思ったのですが、ふと思い当たって「歯の治療を途中でやめませんでしたか?」と聞いてみたところ、「え、なんでわかるんですか?」と驚かれました。

その方は、しばらく歯医者に通っていたものの、急に仕事が忙しくなって通うのをやめてしまったそうなのです。

僕は、おそらく歯の健康が失われていたから、口から入ってくる運が落ちていたんだろうと思い、その場では「でしたら、まず歯の治療を完了させてください。そうしたらきっと運勢は持ち直しますよ」とだけ伝えました。

すると後日、その方から電話が入りました。

「何の用だろう」と思って電話に出てみると、「あの後、歯をきっちり治しました。そうしたら、投資がうまくいって多額の利益が出て、それをきっかけに業績も回復したんです！」という感激の電話でした。

やっぱり口は運の入り口なんだなと、改めて痛感した出来事でした。朝昼晩、必ず歯を磨くことは基本として、歯の健康を保つために、定期的に歯医者さんに通うといいでしょう。

もう1つ、気を使いたいのは「手」です。

清潔で、柔らかい肌触りの手を持っている人は、もれなく金運が高いといっても過言ではありません。爪はきれいに切っておくことはもちろん、男女を問わず、ハンドクリームで手肌のケアをするといいでしょう。

◯「髪が伸びっぱなしの成功者」は少ない

足と口は運勢の入り口であるいっぽう、頭髪は厄が溜まりやすい場所です。

髪の長いお金持ちもいないわけではありませんが、短髪にしたほうが、運のめぐりとともにお金の流れもよくなります。もし、「最近、なんだかうまくいかないな」と思っているのなら、厄落としのために髪を短くすることをおすすめします。

司法書士をしている知人も、「裕福な方ほど短髪だ」と話していました。試しにトップクラスの裕福な人に聞いてみたところ、「2～3週間に一度は散髪に入っている」という返事が一番、多かったそうです。

ちなみに、髪の長い女性は、パーマやコテで髪を巻いておくと良縁運が上がり、お金とのご縁もつながりやすくなります。

さらに塩で髪を洗うというのも、髪についた厄を落とす1つの方法です。塩分が配合されたシャンプーも市販されていますし、普通の粗塩で少し髪をもみ洗いしてから、今までどおりに洗髪してもかまいません。

◯「必勝パンツ」の作り方

仕事などで「ここぞ」というときに身につけたい必勝パンツ。じつは、作り方に決まったルールはありません。

占いでは、「申年の年に買った赤いパンツ」は効果絶大の必勝パンツといわれますが、一番効果的なのは、自分のオリジナルの必勝パンツをもっておくことです。

たとえば、大口の契約がとれたなど、「今日はツイてるな」という日に、身につけている下着をチェックしてください。それがあなたの必勝パンツです。

ちなみに、僕の必勝パンツは赤いパンツです。講演会など、大事なときには絶対に赤いパンツと決めています（いつか僕の講演会にいらしたときには、「崔さん、今日も赤いパンツなんだな」と思い出してくださいね）。

普通の日にも、たまたま赤いパンツをはくことがあるのですが、そういう日は決まって、一日のお店の売り上げが2倍や3倍になります。

◯「15時きっかり」に時計を合わせる

毎日、15時きっかりに時計を合わせると、仕事の流れがよくなります。太陽が西に傾き始める時間帯は、金運のエネルギーがもっとも高まるとされているからです。

僕の知り合いの経営者の方々にも、15時少し前になると、必ず秘書の方に時報を流させて、15時を狙って時計を合わせるという方がたくさんいます。

◯食後の「これ」が金運を招く

最後に紹介したいのは、食習慣です。僕の周りを見ていても、成功している人に、必ずといって共通している食習慣――一体なんだと思いますか？

それは「食後に、ちょっと甘いものを食べる」ことです。

ガツンとボリュームのあるスイーツを食べるのではなく、小さなチョコレートや焼き菓子などをちょっとつまむのです。

不思議に思われたかもしれませんが、これも理にかなっています。

じつは、「食風水」では、甘いものにはお金のエネルギーが宿っているとされています。そのエネルギーを体内に取り入れることで、金運が上がるというわけです。

◯なぜお金持ちはホームパーティをするのか

お金持ちの人たちは頻繁にするけれど、お金のない人たちは滅多にしないこと。

それはホームパーティです。

なぜお金持ちは、よくホームパーティをするのでしょう。

会費もとらず、自慢話などもなく、ただひたすら楽しく食べて飲んで語らい、はては「泊まっていってよ」という。みなが心地よく過ごせる場のホスト役として、人に奉仕する喜びを、彼らは知っているのです。

それだけではありません。おそらくお金持ち人たちは、人を家に招くこと自体に開運効果があると実感しているのでしょう。

金運を使うには人のご縁が欠かせないというのは、すでにたっぷりお伝えしてきました。家に人を招くというのは、ご縁を家に招き入れるということ。縁が円を呼ぶという好循環が、ここから始まる場合も多いのです。

家に人を招くなんて、豪邸に住むお金持ちだけの楽しみだと思ったかもしれませんが、すべて、お金持ちと同様にする必要はありません。それぞれが飲み食いしたいものを持ち寄るという形式でもいいでしょう。人を家に招いて、ワイワイ楽しく過ごすというのが一番のポイントです。

◯余裕がないときこそ空を見上げよう

龍のような形をした雲や、天使のような形をした雲、空が虹色に輝く「彩雲」、太陽に雲がかかり、光の輪が現れる「ハロ現象」――。

空には「開運の兆し」といわれるものが、たくさんあります。

僕もよく空を見上げるのですが、空に吉兆が表れたときに、いいことが起こる確率が高い気がします。

余裕がないときは視野狭窄に陥り、発想まで狭くなりがちです。

落ち込むほどに視界も発想も狭くなり、いいアイデアが思い浮かばずにさらに落ち込む……という悪循環にはまってしまうのです。そんなときに空を見上げれば、視界が開けるのと同時に、気持ちも頭もリセットできるでしょう。

お金は、ネガティブな人には寄り付かず、ポジティブな人に引き寄せられます。ならば、自然が僕たちに見せる光景は偶然ではなく、すべて僕たちへのメッセージだと思って、いい兆しを自分から探す。それくらいの心意気で、なるべく自分の心を前向きに整える習慣をもつといいでしょう。

「これは、いいことが起こる前触れかもしれない」と思うだけでも、じつは金運を上向かせることができるのです。

◯財布は「ホテル」、お金は「お客様」

お金は、自分のところにやってきては去っていく「お客様」です。そして財布は、そのお客様が宿泊する「ホテル」です。

想像してみてください。自分が旅行に行ったときに泊まったホテルが、ゆったりと広く、そうじもサービスも行き届いた最高のホテルだったら、どうしますか。逆に、窮屈で不潔、サービスも話にならないレベルのホテルだったら、どうするでしょう。

どちらにしても、友だちに話すのではないでしょうか。「○○というホテル、最高だった！　絶対おすすめだよ」「△△というホテルは最悪で……あそこは泊まらないほうがいいよ」というふうに。

じつはお金も、僕たちとまったく同じことをしています。

お金には意思があります。

居心地のいい財布も居心地の悪い財布も、人間界でホテルの口コミ評判が広がるのと同様に、「お金界」で口コミ評判が広まります。そして、評判のいいホテルにお客が集まるように、お金界で評判のいい財布には、自然とお金が集まるようになるのです。

◯お金が喜ぶのは長財布

お金には意思があり、財布はお金が泊まるホテルだと考えれば、お金にとって居心地のいい財布にしておくに越したことはありません。お金にとって「一流ホテル」となるよう、財布を整えるということです。

まず避けたほうがいいのは、マネークリップです。お金を裸のままクリップに挟んで持ち歩くなんて、大切なお客さまに野宿をさせるようなものだからです。

二つ折りになる財布も、お金を窮屈な空間に押し込めることになるので、おすすめしません。

財布の形状としては、お金がのびのびと過ごせる長財布が一番でしょう。

実際、僕の周りの成功している経営者の方々などを見ても、ほぼ例外なく、長財布を使っています。

◯「部屋」を整え、「お待ちしています」と唱えよう

大切なのは形状だけではありません。

ポイントカードやレシートがごちゃごちゃと入っていては、広くても雑多で落ち着きがなく、そうじが行き届いていないホテルになってしまいます。

財布には、できるだけお金とクレジットカード以外は入れないようにしましょう。

そして、お金をお客さまと考えれば、もう1つ大切なことがあります。

あなたがホテルの支配人なら、お客さまをおそれ、敬い、「またお待ちしています」というメッセージを伝えるでしょう。

それと同様、お金をおそれ、敬い、「お金がほしい」という気持ちを、日ごろから素直に表現してください。

◯お金持ちに、財布をプレゼントしてもらう

最後にもう1つ、お金のホテルである財布を、知り合いのお金持ちの人に買ってもらうというのもおすすめです。

買ってもらうといっても、費用は自分が出します。

もし、自分が尊敬できるお金持ちと親しくなるチャンスをつかんだら、相手に1万円ほど渡して、「このお金で、私のために財布を買ってください」とお願いするのです。

お金持ちの習性として、おそらく1万円を渡したら3万円くらいの財布が返ってくると思いますが（笑）。

前に金持ち菌は存在するとお伝えしましたね。

つまり、お金持ちに財布を買ってもらえば、そのお財布には、すでに金持ち菌がたっぷりくっついているということ。つまり、毎日のようにお金持ちと直に触れ合っていなくても、絶えず金持ち菌に触れることができるのです。

◯お金を味方につける絶対法則

突然ですが、道端に小銭が落ちていたら、あなたはどうしますか？

100円玉や500円玉だったら拾う人も多いかもしれませんが、1円玉だったら、気付いても素通りする人が大半でしょう。

「1円を笑うものは1円に泣く」といいますが、これは本当です。さらに「1円玉を大切にする人は、その1円玉で金運を上昇させる」ともいい換えられます。

ですから、お金に恵まれたいと思うのなら、1円玉こそ迷わず拾ってください。

そして、「ジュース1本」などでいいので、ちょっとしたものを周りの人たちに奢るといいでしょう。

僕が日ごろお付き合いしている企業経営者の方々も、今では、落ちている小銭を見つけたら必ず拾うようにしているようです。

周囲から見ると異様な習慣でしょうが、みなさん、「小銭を拾って、人に奢った後には必ずといっていい流れがくるから、そうしているんだ」とおっしゃいます。

逆に「1円を笑う者は1円に泣く」というように、小銭をないがしろにする人は、今は羽振りがよくても長続きしません。

そういえば、まるで自慢するかのように「小銭は捨てている」と豪語していた有名億万長者（「秒速で1億円稼ぐ」で有名になった男性です）が、あっという間に破産したという話もありました。その後、再起した彼の顔はどこか晴れやかで、心を入れ替えたことが窺われます。きっと、もう小銭を捨てたりもしていないでしょう。

◯お金は「恩」を忘れない

道端に落ちているお金を、見過ごしてはいけない。これは、じつは僕自身が、先生からこっぴどくいわれたことです。

あるとき先生と一緒に歩いているときに、目の前に1円玉が落ちていました。僕は気づいていましたが、そのまま歩き続けたため、結果的にその1円玉を蹴飛ばすことになりました。

すると先生はバシッと私の腰を叩いて、いいました。

「あの1円玉を拾いに行きなさい。あんた、さっきは1円玉だと思って気にも止めなかっただろう。でも1円をないがしろにする人は、必ず1円で泣かされるからね」

当時の僕には、正直、よくわかりませんでした。

「どうして、たかが1円玉なんかを拾わなくちゃいけないんだろう……」

なんて思いながら、1円玉を拾って先生のところに戻ると、さらにびっくりです。

先生が、「1円を拾ったんだから、私にジュースでも奢りなさい」というのです。

「僕のほうがお金に困っているのに、どうして奢らなくちゃいけないんだ……」

また渋々、自動販売機で100円のジュースを買って先生に渡すと、先生はやっと許してくれて、「これでいい流れができるからね」といってくれました。それがなぜかは、やはりお金を「人」に置き換えて考えれば想像がつくはずです。

道端に落ちているところを拾ってもらえたら、お金は必ず喜びます。

なかでも1円玉は見過ごされがちです。毎日、毎日、人が自分を見て見ぬ振りして通り過ぎるのを寂しく思っています。

そこへ、ある人が現れ、迷わず自分を拾い上げて「1円玉拾った！　やった！」と喜んだら、どう感じるでしょうか。

100円玉や500円玉も拾われたら喜びますが、1円玉は、普段ないがしろにされているぶん、とくに喜びは大きくなります。

話はこれだけでは終わりません。

拾われた1円玉は、お財布のなかで、「じつは、さっきまで道端にいたんだけど、この財布の持ち主が拾ってくれたんだ!」と仲間たちに話します。

それを聞いた仲間たちは1円玉にシンパシーを感じ、「そりゃよかった。この財布の持ち主は最高だね」と口々にいうでしょう。

このタイミングで周りの人に奢ると、どうなると思いますか。

そこで使われたお金たちが、今度は、行く先々で出会う仲間たちに「あの財布の持ち主が、かわいそうな1円玉を拾ってくれた」と話します。

いってみれば、あなたが使うお金たちが、全員「宣伝マン」となって、あなたがお金の持ち主としていかに優れているか、あちこちで伝えてくれるのです。

お金の仲間意識は、もしかしたら人間以上かもしれません。

1万円札が1円玉を見下すといった、上下関係もありません。

結果、ホテルの口コミ現象と同様に、「仲間によくしてくれた、あの財布の持ち主のところに行こう」と、自然とあなたの財布にお金が集まってくるようになるのです。

◯「金払い」は「厄払い」

ときには臨時収入がある一方で、ときにはお金を失うこともあるでしょう。

財布を落とした、自動販売機でお釣りを取り忘れたといった小規模の損失から、投資で見誤って、100万円単位のキャピタルロスが生じてしまったといった大規模な損失まで、お金を失ったという話は、僕の耳にもよく入ってきます。

お金の流れには、今の自分の運気の流れが表れるものです。こうした損失も、注意深く受け止める必要があります。誰だってお金を失うのは嫌でしょうが、運勢的には「ここで損をしておいてよかった」という場合が多いのです。

たとえば、運勢の低迷期には、とくに損をしやすくなります。

「低迷期だから金運も下がって当然なんだ」と思ったかもしれませんが、ちょっと違います。

低迷期にお金を失うというのは、低迷期に溜まりがちな厄がお金と一緒に払われたということ。「金払い」は「厄払い」であり、むしろ喜ぶべきことなのです。

もし、そこで損をしなかったら、お金と一緒に厄も抱えたままになり、ゆくゆく大きな病気をするとか、事故にあうといった災難に見舞われていたかもしれません。

100万円は損しなかったけれど、代わりに命を失ってしまった……では元も子もありません。そう考えれば、たとえ十万、百万円単位といった大きな金額でも「損してよかった」と思えるはずです。

◯戻ってこないお金に執着しても仕方ない

以前も、ある若い女性と、こんな会話をしたことがあります。

「初任給全額と、大好なアイドルグループのコンサートチケットが入った財布を落としました。お金もチケットもなくなって、泣いても泣いても収まりません」

「それはよかったね！」

「はあ？」

「だって、それで厄がいっぺんに払われたんだから。初任給とチケットをいっぺんになくすってことは、そうとう大きな厄がついていたはずだよ。『初任給をなくさず、コンサートも行けたけど、そのあと事故にあって死んじゃいました』っていうのと、

『両方ともなくしたけど、今日も元気です』っていうのと、どっちがいいの？」

どのみち失ったお金は戻ってきません。

そのお金に、いつまでも執着するより、「あれは厄払いだったんだ。ありがたいな」と考えたほうが、ずっと早く気持ちを切り替えて、また明日に向かって努力できるでしょう。

そして、そういう前向きな人ほど、早くお金に恵まれていくものなのです。お金には、ポジティブなパワーがあるところに集まるという性質があるからです。

◯新しい店、潰れそうな店で食事をする

自分から人のためにお金を使うのも、厄払いになります。

ちょっと変わった方法としては、新規開店したお店や、いつもガラ空きで今にも潰れそうなお店で食事をする、というのもおすすめです。

というのも、行列ができるような人気店よりも、新規開店したお店や潰れそうなお店のほうが、お金を喜んで受け取ってくれるからです。お金を払うときに、ひと言「ごちそうさまでした。おいしかったです」と伝えると、いっそう効果的です。

人が喜ぶと、お金も喜びます。人が喜ぶようなお金の使い方をすると、お金が喜んで、「またこの人のところに来たいな」という集団的意思をもち、ますますお金に恵まれるようになるということです。

もちろん、人気店だってお客様あっての商売であり、お金を喜んで受け取っているはずです。

でも、新規開店したお店は、毎日、祈るような気持ちでお客さんを待っています。潰れそうなお店は、毎日、「明日にも店をたたまなくてはいけないかもしれない」という不安のなかにいます。

お金を受け取る喜びのレベルという点では、やはり、新規開店のお店や潰れそうなお店は、人気店をはるかにしのぐのでしょう。

そういうお店でお金を使うと、相手から強く感謝されます。調子が悪くて自信を失いかけているときに、感謝という強烈なポジティブエネルギーを浴びると、間違いなく元気づけられます。このエネルギーの循環によって、運勢が持ち直すのです。

◯1万円札をぎゅっと握りしめた店主

じつは、これは僕自身が実際に体験したことなのです。

だいぶ前の話になりますが、ある日、人気のラーメン屋さんで食事をしたときのこと。たしかにおいしいラーメンでした。満足してレジに向かうと、店員さんが「細かいのはありませんか？」といいます。

財布を開けると、あいにく小銭も千円札もありません。仕方ないので1万円札を差し出したところ、その店員さんが「はあ！」と、大きなため息をついたのです。せっかくおいしいラーメンだったのに、とても残念な気持ちになって店を出ました。

それから数日後。待ち合わせをしていた友人が遅れるというので、小腹も減っていたし、すぐ近くのお店で食べながら時間を潰すことにしました。

入ったのは偶然にも、またラーメン屋さんでしたが、数日前に行ったラーメン屋さんとは違って店内にお客さんは一人もいません。ご主人と奥さんが二人でやっている、静かな店でした。

それでも入ってしまった手前、席に座ってラーメンを注文しました。そして食べ終わってお会計を済ませようとすると、またもや細かいお金を切らしており、1万円札しかありません。

すると店のご主人は、僕が渡した1万円札をぎゅっと握って「ありがとうございます」といってから、お釣りを渡してくれたのです。

それからというもの、僕は「この人たちのためにお金を使おう」と心に決め、このお店に通いました。ラーメンはイマイチだったのですが、唯一おいしいと思えた唐揚げ定食を、いつも注文しました。

僕がこのお店に通ったのは、ご主人の態度に感動したからであって、厄を払う目的ではありませんでした。でも気づいてみると、そのお店に通っていたころは、何かといいことが続いたのです。

ところがある日、お店に行くと、ご主人は不在で、奥さんだけがいました。

「あれ？　今日はやってないんですか？」と聞くと、「すみません、主人が倒れて、店をたたむことになりました」といいます。

さらには、「そうですか、それは悲しいです」という僕に、「今日、最後に来るお客さんにお前からお礼をいっておいてくれ、と主人にいわれてきたのです。今まで本当にありがとうございました」と涙ながらにいうのです。

同じお金でも、この人たちのために使ったお金はどれだけ生きていただろうかと、改めて思いました。

新しい店や潰れそうな店にお金を落とすという方法には「最近、調子が悪いな」というときは厄払いになり「最近、調子がいいな」というときには、その流れを継続させる効果があります。

とくに日本人は貯金体質であり、入ってきたら入ってきただけ貯め込もうとする人が多いようです。思い当たる節がある人は、好調のときこそ意識的に、新規開店したお店や閑古鳥が鳴いているお店で食事をするといいでしょう。

◯運気を上げる「大そうじ」の作法

日本には年中行事がたくさんあります。

単にお祭り騒ぎをするための行事だと思ったら、大間違いです。

年中行事は、先人たちが研究を尽くし、僕たち子孫のために残してくれた最高の開運法なのです。

すべては紹介できないので、ここでは金運にも大きく関わっている、とくに重要な行事を紹介しましょう。

まず年末から始めたいと思います。

すべての神様にいえることですが、年神様もきれい好きです。お迎えする家は、すみずみまで清潔でなくてはいけません。そのために、日本には年末に大そうじをする習慣があるのです。

年神様は、じつは12月25日くらいから動き出しています。

28日以降に行うと貧乏神が入ってくる、29日に行うと「29＝二重苦」になる、さらに31日に行うと、注連《しめ》飾りが「一夜飾り」となり、これもよくないといわれます。

12月25日から、遅くとも12月27日までに、大そうじは終わらせましょう。

大そうじのポイントは「鬼」を払い、「福」を呼び込む環境を整え、年神様に気持ちよく入ってきていただくこと。そのために準備するのは、「粗塩」「ホウキ（できれば天然素材）」「ちりとり」「清酒」「霧吹き」「新品の雑巾」の6つです。

まず、家中に塩を少量ずつまきます。それをホウキで掃いていき、チリトリにとったら、家の外に捨てます。

家の中には1年を通して「小鬼」が溜まっています。

小鬼とは、人が吐き出す愚痴や不満、ネガティブな考えや感情です。放っておくと「大鬼」に成長し、禍（わざわい）をもたらしかねません。

塩には、こうした鬼を封じ込める作用があります。つまり、塩をまいてホウキで掃き取って外に捨てると、塩の力で封じ込めた鬼を、塩ごと払って捨てることができるのです。

なぜホウキを使うのかも、これでおわかりでしょう。ホウキで「掃き取る」ことで鬼が「払われる」ので、そうじ機を使ってはいけません。

また、掃き取った鬼を戻してしまわないために、家の中のゴミ箱ではなく、必ず外に捨てるというのも重要なポイントです。

次に、少量の清酒を霧吹きで床に吹き付け、雑巾で水拭きしていきます。

これをするのは、神様はお酒の匂いが大好きだからです。年神様に喜んで入ってきていただくために、日本酒の香りを家につけるということです。

水拭きをすることにも重要な意味があります。

鬼を払う節分の日に、僕たちは何と唱えますか。

「鬼は外、福はうち」といいますね。

前段の塩とホウキのそうじで、「鬼は外」は完了しています。さらに雑巾で床を

す。

「拭く」＝「福」であり、水拭きをすることで福を呼び込む環境が整うというわけです。

といっても、清酒をたくさん吹き付けると衛生上よくありません。床が絨毯だとシミがつく恐れもあります。神様は匂いに敏感ですから、ごく少量で十分です。

以上の流れが、年神様に気持ちよく入ってきていただくための「儀式的なそうじ」です。あとは、家中をきれいにする通常の大そうじをするといいでしょう。そこではそうじ機を使ってかまいません。

大そうじが済んだら、玄関に注連飾りを飾ります。これが「我が家は大そうじが済んで、年神様を迎える準備ができています」という神様へのサインになります。すべてに意味があるのです。

ちなみに、先ほど説明した儀式的なそうじは、一年中、いつ行ってもかまいません。「このところ、なぜか仕事の調子がよくない」といったときに行うのもおすすめです。僕が知っている企業では、月に一度という頻度で大そうじをしているところもあるくらいです。

12月31日と1月3日にすることは？

こうして大そうじを終えたら、次は初詣……と思ったかもしれませんが、その前に欠かしたくないのは「お礼参り」です。12月31日に、「今年も1年、無事に過ごすことができました。ありがとうございます」と氏神様に伝えにいくのです。

12月31日の神社は閑散としています。ということは、「この日にお参りとは珍しいな」と神様の目にも止まりやすくなります。その目的がお礼参りだと伝われば、ますます「感心、感心」と、神様の心証がよくなるでしょう。

このお礼参りを済ませたら、ようやく初詣です。

ただし元旦に行くのはおすすめしません。元旦は大勢の人が押しかけ、神様が1年でもっとも忙しい日。少しタイミングを外して1月3日くらいに行ったほうが、やはり神様の記憶に残りやすいのです。

初詣では、神殿に日本酒をお供えし、「お疲れさまでした」と、元旦に大勢の人の声を聞いて疲れている神様を労ってください。

神様だって人と同じですから、こうした気遣いをされたら喜びます。そのうえで「今年もよろしくお願いします」と言い添えれば、また1年、強い味方でいてくれるでしょう。

◯花見は「日中」に限るワケ

春といえば桜、桜といえば花見でしょう。

桜の木の下には、草一本、生えないという話をご存知でしょうか。それは、桜の木から土に毒素が出ているからとも、桜の花が放出するエネルギーが強すぎて、草花が負けてしまうからともいわれています。

いずれにせよ、桜は、よくも悪くも特別に強いパワーをもった花です。

では、みなさんは、どんな時間帯に花見をしていますか?

開運したいのなら、おすすめは「昼の花見」です。

なぜなら、桜は日中にプラスのパワーを放出するとされているからです。桜は下を向いて咲くため、そのパワーは、花見をしている人に一斉に降りかかります。

まだ日が高いうちに、桜のパワーを全身に浴びる。これが開運の元なのです。

逆に夜の桜は、マイナスのパワーを一斉に放出します。夜の花見は避けるなど、なるべく夜間は桜に近づかないほうがいいでしょう。

◯「重陽の節句」を知っていますか？

そして秋口にも、とても重要な行事があります。9月9日の「重陽の節句」です。この節句を祝ったことがないどころか、存在すら知らない人も多いと知って、とても驚きました。

重陽の節句は、別名「菊の節句」です。

この日は夫婦そろって、菊の花びらを浮かべた日本酒を飲み交わしながら、夢や目標について語り合う。そんな、とてもシンプルで風流な行事です。今まで気づいていなかったかもしれませんが、菊の花は、9月に入るとスーパーなどに出回ります。

僕も毎年9月9日は、必ず妻と共に過ごします。

日本酒は妻が選び、料理は僕が腕を振るい、この日ばかりは子どもを早めに寝かしつけて、日が沈んだあたりから始めます。

今年も同様に過ごしましたが、ふと妻が「今まで話したことで、叶ってないことってないよね」とつぶやきました。いわれてみれば、たしかに、毎年「こうなったらいいね」と話してきたことは、すべて叶っています。

重陽の節句には、やはり絶大な開運効果があると感じます。

みなさんも、どれほど仕事が忙しかろうと、この日だけは早めに帰宅し、夫婦ふたりの時間を楽しんでください。

おわりに

自分には才能がないから、成功できないのではないか——。

じつは、かつての僕も、そんな思いを抱えている一人でした。

きっかけは母の言葉でした。

17歳で進路を決めるというときに「僕は人に使われるのは嫌だ。だから大学には行かずに、すぐに商売人になりたい」といった僕は、母から「お前にはそんな才能はないから、大学に行きなさい」といわれたのです。

大学に入ったら、今度は「アルバイトをして、そこで正社員になってくれって乞われるような人間になれ」といわれました。

僕は商売人になりたかったのに、母は「その才能はない」、さらには「正社員として求められる人間になれ」という。要するに僕は商売人の器ではなく、永遠に人の下で働くほうが向いている、ということかと思いました。

しかし、これらの言葉に秘められた母の思いは、ずっと後になって判明しました。

大学卒業後、僕は東京の商社が所有している地元の工場で働き始めました。僕としては、ごく当たり前に働いていたつもりだったのですが、なぜか「北九州の工場に、かなり変わったやつがいる」という評判が東京まで届いていたようです。

ある日、昼休みを終えて持ち場に戻ると、作業着姿の見知らぬおじさんが、機械を触っています。

「何してるんですか！」と見咎めた僕に、その不審者は「おお、君が崔くんかい？ ちょっと話がしたいから、事務所まで来てもらえるかな」といってスタスタと事務所のほうへ歩いていってしまいました。

「なんなんだ、あのおっさんは」と思っていると、そこへやってきた工場長が「あれは本社の社長だよ！　すぐに事務所に行きなさい」と促します。「は？　わけがわからない」と思いながら、僕は事務所に行きました。

これが、前にもお伝えした商社の社長との、そもそもの出会いでした。そこで、正社員登用の面接試験のために東京に来るようにすすめられたのです。

経済学の知識もなければ、英語もできない。そんな僕が本社に正社員登用されるとは思いませんでした。面接でも、学がないことを揶揄するようなことをいわれて、「そういうものの見方をする会社には魅力を感じません。失礼します」とだけいって席を立ちました。

これで絶対に落ちたと思いましたが、先に工場で僕と話した社長と、面接試験の場で何も言葉を発せず、じっと成り行きを見ていた人事部長には、かえって別の思惑が生まれたようです。

「英語がわかるやつも経済学がわかるやつもゴマンといるが、崔くんみたいな情熱のあるやつはなかなかいない」

「おもしろいやつだから、本社で正社員をやらせてみよう」

「いずれ自分で商売をするタイプだが、まずサラリーマンを徹底的に経験したほうがいい。うちが、その場を提供してやろうじゃないか」

そんなお二人の差し金によって、僕は採用となり、本社で働くことになりました。すべて退職時に初めて、お二人から明かされたことですが……。我が師に出会い、占いの勉強を始めたのも、このころのことです。

ところが、1年ほどで実家に借金があることがわかります。そこで僕は「起業して借金を返す」という道を選ぶことにしました。若いころに思い描いた「商売人になる」という道に、思わぬきっかけで進むことになりました。

ただ、僕には1つ心配がありました。「商売の才能はない」という、あのときの母の言葉が引っかかっていたのです。会社を辞め、起業の準備のために北九州に戻った僕は、すぐに母に尋ねました。

「17歳のころ、僕にお母さんがいったこと覚える？『商売の才能はない』っていわれたけど、これから起業して大丈夫やろか」

すると母から、こんな答えが返ってきました。

「人の下で働く喜びと苦しみがわからない人は、人の上に立つことはできない。お前は工場と本社でずっと人の下で働いてきて、喜びも苦しみもさんざん味わっただろう？　だから、今のお前なら大丈夫だ」

このとき、僕は母の真意を初めて理解し、尊敬の念すら抱いたのです。

僕には占いの師やNさんといった人生の師がいますが、最初に僕に道を示してくれた師は誰だったかといったら、それは母なのです。

こうして僕は、自分の才能を信じて、好きなことに邁進できるようになりました。

そして今、開運アドバイザーとして多くの人の相談に乗るなかで、誰もが才能を使ってお金を得ることができる、才能がない人間などいないんだと、日々、確信を強めています。

そして最後に改めてお伝えしたいのは、好きなことをするのも、才能を開花させて生きるのも、人生のすべては「自分の幸せのため」である、ということです。

家族がいても、一番優先されるべきは自分の幸せです。

まず自分の「好き」があって、それが才能の開花につながり、その「結果」として「ついで」にお金が入ってくる。この円のなかで自分がまず幸せになり、さらに「ついで」に家族の幸せもある、ということです。

僕はつねづね「〜のため」は「〜のせい」に転じやすいと話しています。

「家族のため」「会社のため」を理由に働いている人が、うまくいかなくなったときに、自分がこんな目にあっているのは「家族のせい」「会社のせい」と言い出すのをたくさん目にしてきました。

就職浪人を続けた末に、やっとの思いで大企業に就職したのに「就職浪人だった1年前のほうがずっと楽しかった」と文句をこぼした人もいました。

ではどうして、その企業に就職したのかといったら「親が喜ぶだろうから」。つまり「親のため」に就職したけれど、結局は「親のせい」で自分は不幸になっていると恨んでいるのです。

誰だって、そんな恨み節をいう羽目には陥りたくありませんよね。ならば、最初から「自分の幸せのため」に生きればいい。あとは「ついで」でいいのです。

いつだったか、講演会でそんな話をしたら、「じゃあ、先生にとって、奥さんやお子さんも『ついで』なんですか?」と質問されたことがあります。

僕は、「はい、そうです」と即答しました。「でも、その『ついで』には命をかけていますけどね」と。

僕は、「家族のため」と歯を食いしばって働いて、万が一うまくいかなくなったときに、「お前たちのために、俺がどれだけがんばったと思ってるんだ」なんて押し付けがましいことをいいたくはありません。

家族に不自由は感じさせたくないし、将来、子どもたちにやりたいことができたときに、「お金がないから」を理由に叶えてやれないという状況は避けたい。それが僕の責任だと思っていますが、だからといって「家族のため」に、僕は働いているのではありません。

僕は、まず僕自身が笑っているから、僕の隣で幸せであってほしい家族が笑っていられると信じています。

そして家族が笑っていることがさらに僕を幸せにする、という良循環、もう1つの大切な「円」が生まれるからこそ、僕は自分のために、自分が好きなことをしてお金を儲けることに熱意を注いでいるのです。

以前、僕の妻がこんなことをいっていました。

「今日はどこに行くの？　あなたは仕事に行くときも、釣りに行くときも、サーフィンに行くときも同じ顔、同じ格好で楽しそうに出かけるから、わからないよ」

すごくいい褒め言葉をもらったなと思いました。

仕事だろうと趣味だろうと、いつも楽しそうに出かけるというのは、僕がちゃんと自分の幸せのために生きていて、そのうえに妻子との生活を築いている証だと思ったからです。本書でも触れた「喜楽」という生き方ができているんだという自信を、改めて妻が感じさせてくれました。

とくに日本では、我慢や忍耐が美徳とされる風潮が根強く残っています。

大人は、大人としての責任を果たすために、我慢や忍耐を甘んじて受け入れなくてはいけない。だから、大人になったら好きなことをしてはいけない。そう思い込んでいるかもしれませんが、本当は違います。

大人だからこそ、自分の好きなことをして生きていいのです。

あるとき、4才になる娘からいわれたことがあります。

「パパはずるい。保育園ではお昼寝の時間が決まっていて、眠くなくても寝なくちゃいけない。お絵かきの時間では、私はヒマワリを描きたかったのにチューリップを描かなくちゃいけなくて、最後には『誰々の絵が一番うまい』っていわれる。でもパパは、いつも自分の好きなことばかりしてて、ずるい」

娘はどうやら、すべて先生のいうとおりにしなくてはいけないことや、したくないことをさせられたうえに一方的に評価されることが、ずいぶんと不満のようです。

それに引き換え、僕は好きなことばかりしている。娘の目にもそう映っているのかと、思わず笑ってしまいました。そこで「パパだけじゃなくて、社会人はみんな、好きなことをしてお金を儲けていい。それが大人になるということだからね」と返すと、娘は「じゃあ、私も早く大人になりたい」といっていました。

この先、娘には算数だの国語だのと、やらなくてはいけないことがたくさん出てきますし、今よりもっと人と比べられるでしょう。

人と比べられても気にする必要はありませんが、成長するなかで、「やりたくない」と思うものにぶつかることもあるかもしれません。

僕は、基本的に「自分が嫌なことはしなくていい」という考えです。自分自身も、やりたくない仕事をしたことはありません。自分を押し殺してまで、すべきことなんて人生には存在しないと思うからです。

かといって、嫌なことをやらないまま、何もしないというのもよくありません。もし娘が不登校などになったら、魚釣りや山登りに連れ出して、何かしら夢中になれるものを見つける機会を作ってやりたいと思っています。そして大人になったら、僕と同じように、好きなことを仕事にして、お金を儲けていってほしいと思います。

娘はまだ4才ですから、そうなれるまで、十年以上も待たなくてはいけません。

でも、あなたはもう立派な大人です。少しも待つ必要などなく、誰と比べることもなく、今すぐにでも、自分の好きなように才能を開花させ、その才能をもって人とつながり、お金に恵まれる人生をつくっていけるのです。

自分さえその気になれば、いつからでも始められます。

仮にあなたが40歳だとして、才能が1つ見つかったら、「あと39個もあるんだ！」とワクワクしてほしいと思います。

そこからまた1つ、また1つと才能を見つけ、複合させることで、ほかにはない価値を提供できる存在となったときに、人の縁とお金の円が連なって、もう1つの「大

いくでしょう。

それこそ毎日、宝くじが当たるかのように、永続的にお金に恵まれるようになってきな円の好循環」が始まります。

僕はよく、お客さんに「あなたは自分の見積り額が安すぎますね」と話します。

自分がもっている最大の財産は「自分自身」なのに、多くの人が見過ごしているのです。みなさんもきっと、その1人だったのではないでしょうか。ぜひ、これを機に、唯一無二のご自身の価値の大きさに気づいてください。

そして本書をきっかけに、数々の才能が詰まった自分だけの宝箱を「カチリ」と開ける楽しみを味わっていただけたら、著者として、とてもうれしく思います。

2020年4月

崔　燎平

崔 燎平（さい・りょうへい）
北九州の経営者であり、占い開運アドバイザー。（有）テイク代表。14年前に占いをはじめ、今までに5万人以上を占ってきた。ときに優しく、ときに厳しく相談者に応え、生き方を変容させる占いで評判に。口コミで人気が広まり、今では北九州だけでなく全国から相談者が訪れ、予約がなかなか取れないことでも有名。著書に『50000人を占ってわかった 99%の人生を決める1%の運の開き方』『50000人を占ってわかった 愛を叶える人見離される人』（内外出版社）がある。

金運の正体
50000人を占ってわかったお金と才能の話

発行日	2020年4月30日　第1刷 2024年6月1日　第3刷
著　者	崔 燎平
発行者	清田 名人
発行所	株式会社 内外出版社 〒110-8578　東京都台東区東上野2-1-11 電話 03-5830-0237（編集部） 電話 03-5830-0368（企画販売局）
印刷・製本	中央精版印刷株式会社

ISBN 978-4-86257-511-1